Susanna Schötschel • Zeugnis des Schweigens

SUSANNA SCHÖTSCHEL

Zeugnis des Schweigens
Wenn die Seele aus den Fugen gerät

Lyrik

FRIELING

Bibliografische Information der Deutschen Nationalbibliothek
Die Deutsche Nationalbibliothek verzeichnet diese Publikation in derDeutschen Nationalbibliografie; detaillierte bibliografische Daten sind im Internet über http://dnb.d-nb.de abrufbar.
© Frieling-Verlag Berlin • Eine Marke der Frieling & Huffmann GmbH & Co. KG
Rheinstraße 46, 12161 Berlin
Telefon: 0 3 0 / 76 69 99-0
www.frieling.de
ISBN (Print): 978-3-8280-3814-1
Auch als E-Book verfügbar (ISBN 978-3-8280-3815-8)
1. Auflage 2023
Bildquelle/Gestaltung: pixabay
Sämtliche Rechte vorbehalten
Printed i n Germany

INHALT

Auf Wiedersehen, Sommerzeit 9

Kleiner Unterschied, große Auswirkung 10

Leiser Rebell 11

Großherzig in Armut 12

Apfelblüte 13

Liebe gegen Leistung 14

Liebe als Andenken 15

Erkenntnisse 18

Kindheitserinnerungen 19

Unsere Liebe 20

Sommerimpressionen 21

Im Wandel der Zeit 22

Bittere Wahrheit 23

Missglückte Geschwisterliebe 25

Leblose Träume 26

In Seenot geraten 27

Begrabene Träume 28

Als gestern Enttäuschung und morgen Hoffnung war 29

Zweifellos zweifeln 30

Aufgewacht 31

Statist im Leben 32

Eingeständnisse 33

Weg nach Hause 35

Ein fast perfekter Tag 36

Weltanschauung eines Weisen 38

Die Kür unseres Lebens 40

Das letzte Korn unserer Sanduhr 41

Heimatlos	42
System Leben	43
Neue Wege	44
Tröstende Erinnerung	45
Des Lebens Sinn	46
Das Tor zu mir	47
Reise durch meine Gedankenwelt	48
Tanz am See	49
Meine Trauerweide	50
Gedanken einer Weihnachtsnacht	51
Jahreswechsel	52
Zauberhafte Weihnacht	53
Unbeugsame Liebe	54
Kinderaugen	56
Frühlingsboten	57
Himmelreich auf Erden	58
Gestohlene Freiheit	61
Obdachlos	62
Realität oder Alptraum?	63
Kleines, großes Glück	65
Herbstgeflüster	66
Hilfreicher Fremder	68
Formloser Antrag	70
Vergänglicher Glücksmoment	72
Nur ein Stadtbummel	73
Arm oder reich?	75
Perfekt unperfekt	77
Haus am See	78

Bote des Glücks	79
Stifte, die Glücksmomente schreiben	80
Hoffnung	82
40 Jahre turbulentes Leben	83
Grundbedürfnisse	85
Philosophisch quergedacht	86
Meine Reise	87
Mein Wallnussbaum	88
Stimmen im Kopf	89
Verzauberter Raum	91
Lilienzauber	92
Das Familienbild	93
Theaterstück Leben	94
Zerbrochene Welt	95
Sonnenblumenglück	96
Melodie des Glücks	97
Flügelschlag des Glückes	98
Schlafende Waldträume	100
Das Innere des Meeres	101
Papas Liebe	102
Haltestelle Leben	103
Das getragene Kleid	104
Winterschlaf	105
Losgelöste Gedanken	106
Hoffnungsvoller Tag	107
Wunschtraum im Backsteingebäude	108
Gewitter im Kopf	109
Wach im Mondschein	110

Auf Wiedersehen, Sommerzeit

Ich möchte dich einfach nicht gehen lassen,
weil du noch immer meine Sehnsucht stillst.
Doch leise höre ich dich flüstern,
dass du bald weiterziehen willst.
Wird sie dir nicht fehlen, deine Präsenz,
die überschwänglich glücklich macht?
Ängstlich schaue ich in die Zukunft,
heimlich aber ein Hoffnungsschimmer in mir lacht.
Nie wirst du müde, uns zu lehren,
wie wertvoll ein kleiner Moment doch ist.
Dass du für begrenzte Zeit nur unser Wegbegleiter bist.
Wenn wir an kalten, dunklen Wintertagen
unentwegt an dich dann denken,
erfreue ich mich an der wohligen Wärme,
die du uns bald wieder wirst schenken.

Kleiner Unterschied, große Auswirkung

Schaust du mir bei unserem Gespräch ins Gesicht?
Dann weiche ich deinem Blick aus.
So siehst du meine Selbstzweifel nicht.
Warum, liegt doch ganz klar auf unser aller Hand.
Weil Menschen, die anders sind,
schon viel zu oft aus unserer Gesellschaft wurden verbannt.
Eine Prothese als Ersatz für das verlorene Bein?
Schon spürt man es deutlich, das Anderssein.
Man bewegt sich im Rollstuhl durch die glänzende,
von Verständnis geprägte Welt.
Aber warum fällt einem auf,
dass man weder Anerkennung noch Achtung erhält?
Meine Denkmuster verschlossen, hinter einer Mauer,
die von meiner Unsicherheit errichtet worden ist.
Unerfüllte Sehnsucht nach dem Gefühl, anzukommen,
welches man so schmerzlich vermisst.
Herausgerissen aus meinen schönsten Illusionen,
als ich erkenne, wo ein normaler Mensch im Leben steht.
Getrieben von einer maßlosen Armseligkeit,
die augenscheinlich nicht vergeht.
Wer hat es so eingerichtet, diese von einer bestimmten Norm
geformte Akzeptanz, um gehört und gesehen zu werden.
Warum lässt man es zu, dass die Toleranz zu den Menschen
sowie ihre Hilfsbereitschaft langsam versterben?
Meine Augenfarbe ist nicht identisch mit eurer,
schon bin ich anders als ihr!
Doch dahinter verborgen sind Wut und Enttäuschung,
Glaube und Hoffnung, Liebe und Freundschaft –
genau wie bei Dir!

Leiser Rebell

In einem Impuls schnell etwas gesagt,
was nie mehr ausradiert werden kann.
Um sich zu verteidigen, zu schwach,
eher verzweifelt man dann.
Allerdings setzt man eine über Jahre
gepflegte Tradition weiter fort.
Es hat tiefen Bestand, das einst übermächtige,
in Belanglosigkeit gebadete Wort.
Was also tun, wenn Argumente fehlen,
um sich gegen bestimmte Anweisungen zu wehren?
Was tun, wenn das Gefühl entsteht,
man würde sein Gegenüber nicht wertschätzen,
es nicht ehren?
Freiheit erfahren, in allen Entscheidungen,
ohne folgenschwere Konsequenzen.
Geschlossen sind die in mühevoller Arbeit,
mit Vorschriften erbauten Grenzen.
Und all das ist notwendig,
weil von den Menschen einmal erfunden.
Oder habe ich es nur, unwissend,
in meine Denkmuster mit eingebunden?
Immer wiederkehrende Zweifel, wie richtig handeln,
bei all dem Bestreben?
Sollte man sich den Tatsachen beugen,
um ihnen möglichst wenig Raum zu geben?
Überfordert zieht meine Skepsis darüber weiter
ihre gleichen, sich wiederholenden Kreise.
Darum kritisiere ich diese Philosophie in Zukunft
heimlich, unbemerkt, ganz leise.

Großherzig in Armut

Kleines Städtchen, nahe des Meeres,
wo Besucher aus aller Welt dich neugierig entdecken.
Das kleine Fischerdörfchen und seine historische Klappbrücke
ungeahnte Sehnsüchte erwecken.
Es kehrt zurück die Fantasie, in der meine Träume
auf dem heimischen Fluss spazieren fahren.
Beinahe identisch erscheint das heutige Leben hier,
nach all den langen, emotionsgeladenen Jahren.
Und doch ist nichts Gewohntes mehr
den vertrauten Erinnerungen geblieben.
Eher wurden sie durch die beständige Gegenwart
aus meinen Gedanken vertrieben.
Mein Zuhause, welches mir als Kind
unerschütterliche Zuflucht gewährt hat.
Nun ein Ort, der mit stilvollen Farben
in seiner Erscheinung erstrahlt,
wendet das mir bekannte Blatt.
Auf meinen Wegen durch die schöne,
alterhaltene Einkaufsstraße
eine Belanglosigkeit meine Aufmerksamkeit ereilt:
Ein armer, von rauen Jahren gezeichneter Mann
seine wenigen Habseligkeiten mit ihm
zugewandten Menschen teilt.
Er lebt anders, an Verachtung ist er deshalb ganz reich.
Die erhoffte Toleranz der Passanten aber bleibt,
trotz aller Veränderungen,
in vieler Hinsicht gleich.

Apfelblüte

Apfelblüte, endlich darf ich
den Anblick deiner Schönheit genießen.
Jene lang gewünschten Sonnenstrahlen
lassen mich in eine Art
frühsommerliche Euphorie zerfließen.
Beinahe verloren habe ich mich in meinen Träumen,
wo Rapsfelder sowie Vogelgesänge gar nicht mehr weit.
Ein bunter Tagfalter kreuzt meinen Weg.
Die heiteren Monate sind erwacht,
ja zum Aufleben bereit.
Während die Natur uns Menschen entzückt,
merke ich, wie du mit deiner Flugkunst
meine Aufmerksamkeit einfangen willst.
Ach, kleiner Schmetterling, ahnst nicht,
dass du heute die quälende Sehnsucht
meines Herzens stillst.

Liebe gegen Leistung

Einfach man selbst sein,
ohne sich die erwünschten Zuwendungen
erarbeiten zu müssen.
Ein verdrängtes Gefühl,
das unbeabsichtigt meinen Zorn erregte.
Im Laufe der Zeit sind jene Träumereien gewachsen,
als man noch zuversichtlich
all die früheren Pläne beiseitelegte.
Unentwegt stellt man sich die Frage,
warum man nicht ausreicht,
warum es nicht gut ist, wie man eben ist?
Oder ist es die kindliche Naivität von damals,
die ein jeder heute so schmerzlich vermisst?
Das einstige Kind ist augenscheinlich
erwachsen geworden.
Doch zweifelt man inzwischen,
ob auch als ein guter Mensch geboren.
Wenn es nur noch reicht,
durch erbrachte Leistung Liebe zu erfahren,
sind es irrtümliche Glaubenssätze,
die man wohlmöglich stellt.
Oder ist es richtig, mit Güte belohnt zu werden,
wenn man den Anforderungen genügt, in der heutigen Welt?
Habe ich zu abstrakte Ideen von einem Miteinander
in einer erfüllten Gemeinschaft,
wo man einfach aufrichtig liebt?
Vielleicht aber ist es genau so,
dass man erst gegeben haben muss,
bevor es Herzlichkeit zu erfahren gibt?
Antworten darauf zu finden und diese zu verstehen,
sind Aufgaben ganz für mich allein.
Doch vielleicht werde ich irgendwann einmal
auch als Mensch einfach gut genug für euch sein.

Liebe als Andenken

Dieser eine erschreckende Moment,
wenn Vertrauen in Skepsis übergeht.
Du zweifelst an deiner Existenz,
weil Worte gesprochen, Handlungen ausgeführt,
Gefühle inzwischen erloschen sind.
Es ist offenbar nicht Liebe,
sondern die Erwartung
an besondere Menschen von damals,
welche an Bedeutung gewinnt.
Bilder aus früheren Tagen, die dir noch immer
so lebendig das Zentrum
deines einstigen Friedens aufzeigen.
Die Momente, die so nachhaltig
deine Empfindungen
sowie dein gegenwärtiges Sein prägen,
immer gewillt sind, bei dir zu bleiben.
Wie aber sollen verjährte Begebenheiten
die Seele wärmen,
wenn die kalten Zurückweisungen von heute
so übergriffig ihre dunklen Schatten vorausschicken?
Ratlos sucht man nach Antworten,
die diese Veränderungen erklären,
dabei möchte man unentwegt
hinter die errichtete Fassade nur blicken.
Jedoch sieht man nichts,
außer ein scheinbar perfektes Leben,
in einer heilen Welt,
wo alle Gaben verfügbar sind,
kein Wunsch bleibt unerfüllt.
Was aber, wenn es dem Wohlstand nicht gelingt,
die Herzlichkeit zu erwerben
oder eine tiefe Umarmung zu spüren,
wenn weiter die Sehnsucht

das Verlangen nicht stillt?
Dann keimt der längst vergessene,
kindliche Instinkt in dir auf,
dass die Hingabe zu einem
so geschätzten Menschen
dein Lebtag nie mehr vergeht.
Weil auf alle Zeit,
vielleicht auch darüber hinaus,
die frühere Verbundenheit
einer besonderen Liebe
als Andenken in deinem Herzen steht.

Erkenntnisse

Du sehnst dich nach Heimkommen,
ja immerwährender Sicherheit.
Schnell wurde den Menschen jedoch gelehrt:
Jene anspruchslos zu erhalten, scheint unerreichbar weit.
Es ist nicht unser Blut,
welches die gewünschte Verbindung schaffen kann.
Eher wohl Liebe, um sich darauf zu besinnen,
wie das Leben einst begann.
Das Leben, welches nicht greifbar,
wenn man diese Welt erblickt.
Scheinbar wäre ein fester Halt
das wahre beflügelnde Glück.
Doch nicht immer wird ein jeder so reich beschenkt,
prägende Erfahrungen wurden gemacht.
Diese haben zutiefst verletzt,
niemals hat man Derartiges zuvor je bedacht.
Plötzlich lernt man,
in einer schier unerträglichen Phase,
andere Seiten des Lebens kennen.
Unsicher verliert man die Fähigkeit,
sie zu verstehen, um sie deuten zu können.
Da ist auf einmal jemand, ein wahrer Freund,
der offenbar viele deiner Leiden versteht.
Ein Freund, der dich begleitet,
auf dem nicht enden wollenden steinigen Weg.
Das Gefühl, welches so fremd und gleichzeitig
so intim deine Sehnsucht vertreibt.
Während die beinahe vergessene Zuneigung
Geschichte in deinem Herzen schreibt.
Du hast gefunden, jedoch nicht gesucht,
was du schmerzlich hast vermisst.
Dass ein Freund dein Wegbegleiter,
aber auch liebende Familie geworden ist.

Kindheitserinnerungen

Erinnerungen an meine Kindheit
plötzlich lebendig werden,
sie erscheinen vor meinem geistigen Auge.
Spüre noch heute intensiv einzelne Gerüche,
während ich all diese vielen Facetten
meiner Empfindungen tröstend in mich aufsauge.
Jene Begebenheiten,
inzwischen so wertvoll,
um die einstige Vertrautheit,
welche ich als Kind empfand,
neu zu erleben.
Das kleine Gartenhaus,
mit Blick auf den mit Geschichten gefüllten Fluss,
hat mir ein Gefühl von Lebendigkeit zurückgegeben.
Eine Leichtigkeit, die ich seither nie mehr empfand,
das Erwachsensein scheint allmählich diese Gefühle
mit Vernunft zu überschreiben.
Gelöst von Alltagsgeschehnissen
lasse ich mich entführen,
um mir weitere Stationen
meines vergangenen Seins aufzuzeigen.
Höre noch immer die mir vertrauten Stimmen,
bis sie sich schleichend in mir selbst verlieren.
Erfüllt von Dankbarkeit,
weil Erlebtes gelebt wurde
und sich all die Zerwürfnisse
wenigstens gedanklich minimieren.

Unsere Liebe

Als an dunklen, trüben Tagen
wir nicht wussten, diese zu ertragen,
führte uns einst der Weg zum Glück.
Keine Minute verschwendeten wir
an schwere Stunden zurück.
Denn als ich dich das erste Mal sah,
verzaubertest du mich mit deinem Lächeln,
so ausdrucksstark und klar.
Deine leuchtend blauen Augen
ließen mich in eine Art Phantasiewelt schweben.
Ohne dass du es ahntest,
hast du mir dadurch das Leben neu zurückgegeben.
So viel Zeit ist nun ins weite Land gegangen,
jedes Jahr wieder müssen wir
an neue Hürden unserer Liebe gelangen.
Mal steinig, uneben, aber dennoch sicher
und einander zugewandt.
Einzelne Minuten mit dir empfinde ich,
als seist du mir vom Himmel gesandt.
Du erhellst unsere Liebe mit Opfern,
aber auch abenteuerlichen Ideen.
Oft fällt es mir schwer, unseren Fokus zu erkennen,
um ihn zu verstehen.
Doch in unserer allerersten Nacht
hast du mir etwas ganz Besonderes mitgebracht.
Es ist Liebe, die aus einer Schwärmerei entstanden ist.
Zahlreiche Tränen inzwischen getrocknet,
niemand von uns sie jedoch vergisst.
Ich danke dir, dass du mich
zu einem besseren Menschen machst,
du bist die Zukunft für mein restliches Leben.
Mich beruhigt dieser Gedanke, denn ich weiß,
du begleitest mich treu und zuverlässig
auf all meinen steinigen Wegen.

Sommerimpressionen

Hell erleuchtet, fast streichelnd,
berührst du mich mit deinem schimmernden,
ja fürsorglichen Dasein.
Vergessen die grauen,
von kalter Dunkelheit eingehüllten Tage,
erleichtert fühle ich deinen wärmenden,
intensiven Sonnenschein.
Auf einer saftig grünen Wiese,
wo zarte, beinahe schneeweiße,
mit gelben Köpfchen gezierte Gänseblümchen
in deinem Licht erstrahlen,
fällt es mir leicht,
gedanklich die schönsten Bilder für eine weitere,
bleibende Erinnerung zu malen.
Herausgerissen aus meiner eben noch
tief empfundenen, winterlichen Melancholie,
als ich von weit her vernehme
eine wundersame, glückselige Melodie.
Auch Mutter Natur besingt den friedlichen,
von seinen Einwohnern umgebenen,
wertvollen Planeten,
um zu versinnbildlichen,
was viel zu schnell versäumt,
wenn Alltagsgeschehnisse
dominierend in Erscheinung treten.

Im Wandel der Zeit

Dazu ist sie wohl da,
die immer weiter voranschreitende Zeit.
Dass man lernt, Veränderungen anzunehmen,
auch wenn Vertrautes erscheint so unendlich weit.
Dennoch keimt eine unterschwellige Angst auf,
gegebenenfalls Menschen zu verlieren.
Eigentlich ist man sich dessen bewusst,
dass die Bedingungen des Lebens stetig,
fast unaufhaltsam, variieren.
Kaum ausgesprochen, jene Angst,
scheint die Realität dahingehend so präsent
wie vorher noch nie.
Wird sie mir nun doch noch zum Verhängnis,
meine nicht müde werdende Phantasie?
Vor Kurzem noch war es so essenziell wichtig,
selbst Wegbegleiter zu sein.
Oder füge ich einmal wieder
zu viele Wahrscheinlichkeiten
in meine Empfindungen hinein?
Doch warum so erdrückend das Gefühl,
als wären Raum und Zeit
für diese Belanglosigkeiten nicht mehr gegeben?
Warum so quälend die Furcht,
belastend zu sein, auf den einst gemeinsamen Wegen?
Und wo, lasst mich wissen,
sind auf einmal
all meine weisen Ratschläge überhaupt hin?
Vielleicht wären sie auch mir hilfreich, herauszufinden,
was ich euch war oder wer ich heute eigentlich bin.

Bittere Wahrheit

Kommst du mit mir?
Ich bringe dich an einen Platz,
nach dem du dich schon sehr lange gesehnt hast.
Du wirst bald wieder gesund sein,
weil du nie mehr einen dieser
so schmerzlich vermissten Glücksmomente verpasst.
Frage nicht, wer ich bin.
Vertraue mir, und ich zeige dir einen Ort,
dessen Existenz dir schon immer bekannt war.
Du weißt es nur noch nicht,
aber du bist deinem eigentlichen Ich schon ganz nah.
Mein eigentliches Ich?
Wer ist mein eigentliches Ich?
Das weißt du nicht?
Du kannst bei einem deiner so geliebten Spaziergänge
offenbar mehr entdecken als die meisten Menschen,
die auf unserer Welt leben.
Du bist in der Lage, mit Tieren zu sprechen,
und wie oft schenkten sie dir
bei deinen Abenteuern schon ihren Segen?
Ja, aber wie erklärst du dir die anderen Mythen,
die mich ausmachen?
In einem Dasein von heute,
wo die Menschen über mich lachen?
Sei doch nicht so ein Narr, wenn sie lachen,
dann doch nur weil du anders bist als sie!
Aber derartige Wahrnehmungen und Empfindungen
wie deine haben sie wohlmöglich nie.
Was ist so gut an alledem,
wenn es niemand mit mir teilen kann,
weil niemand mich versteht?
Das ist doch alles unwichtig,
von großer Bedeutung ist doch nur,

wer mit dir auf die Reise geht.
Sag mir doch nun endlich, wer du eigentlich bist!
Nur du scheinst von meiner Wahrheit
wirklich überzeugt zu sein.
Augenblicklich fühle ich mich,
dank dir, seit Langem einmal nicht mehr so allein.
Du merkst wohl gar nicht,
dass wir dich wieder sehr beeinflussen,
somit die Macht über dich gewinnen.
Vorsichtiger solltest du sein,
wem du Vertrauen schenkst:
Wir sind die von dir so gehassten Stimmen.

Missglückte Geschwisterliebe

In einer kühlen, ja eisigen, Winternacht.
Als die kleine Stadt am Meer
unter einer weißen Schneedecke versunken war,
hast du dich auf die Reise ins Leben gemacht.
Deine Augen so groß,
dein Körper ausdrucksstark an Energie.
Was die Jahre bringen würden,
ahnte man zu diesem Zeitpunkt nie.
Aus deinem Leben wurde eine Odyssee,
die damals noch niemand verstehen hat können.
Hast deine inneren Türen fest verschlossen,
unfähig, deine Gedanken beim Namen zu nennen.
Krank war das nach dir geborene,
winzige Geschwisterkind.
So sehr sehntest du dich
nach der ungeteilten Aufmerksamkeit,
fragtest dich, wo deine geliebten Eltern nur sind.
Keine Nacht ist nun mehr vergangen ohne Tränen
einer so hoffnungsvollen Familie, die sie einst war.
Versäumt haben die Geschwister die Chance,
sich lieben zu lernen.
Unvergessen die Szenen, in denen man sich als Rivalen sah.
Und heute? Heute ist man sich fremd geworden,
Ängste spielen eine übergeordnete Rolle,
sich irgendwann wieder in die Augen sehen zu müssen.
Nicht wahrhaben will man jene unbeobachteten Momente,
die schwachen, die dafür sorgen,
irgendetwas in seinem Leben schmerzlich zu vermissen.
Die Erinnerungen, die auf jeder dieser Seelen lasten,
bleiben in gewissen Schubladen verborgen,
damit sie nicht reifen können und erneut verletzen,
an einem wiederkehrenden, gar hoffnungsvollen Morgen.

Leblose Träume

Plötzlich wird dir deutlich vor Augen geführt,
dass du dir selbst verboten hast,
auch nur an deine Träume zu denken.
Nie durftest du das Bedürfnis
nach Glücksgefühlen aufleben lassen,
warst unentwegt damit beschäftigt,
ihnen keine Beachtung zu schenken.
Sie verlernten zu leben,
die lang verschlossenen Illusionen.
Die Sehnsucht nach ihnen so schwer zu ertragen.
Untersagt wurde ihnen, sich zu entfalten,
noch immer höre ich ihr Flehen und ihr Klagen.
Ich ertappe mich dabei,
Freiheit für den Geist
eines jeden auf Erden zu predigen,
unbewusst habe ich mich dagegengestellt.
Nur um zu verhindern,
dass vielleicht ein ganz kleiner Traum wachsen darf,
bis er dann das vernachlässigte Herz erhellt.
Unberechenbar die Angst,
die alles haargenau inszeniert,
damit sie perfide genau dafür sorgen kann,
dass die Realität deine Wünsche zerstört.
Allmählich resigniert sie jedoch,
hat an gewohnter Kraft verloren,
weil niemand sie mehr hört.
Doch dann keimt erneut
der ungewollte Gedanke in dir auf,
die Vorstellungskraft reicht nicht aus,
um jene Furcht zu besiegen.
Es würde alles bei den vertrauten Gewohnheiten bleiben,
während deine Visionen so sehr darauf warten,
zufrieden in deinem Herzen zu liegen.

In Seenot geraten

Dann kommen wieder diese Gedanken,
das eigene Tun würde in einer Welt von heute nicht reichen.
Erneut dominiert in dir eine ahnungslose Zerrissenheit,
stellt dir ungewollt diese hinabführenden Weichen.
Du stehst an einer Gabelung deines Lebens,
bist hin- und hergerissen mit einem desaströsen Gefühl,
dein Tun wäre in der Gesellschaft wertlos.
Treibst weiter auf einem tobenden Meer deiner Emotionen,
mitgerissen von einem Sturm deiner Unsicherheit,
auf einem fast sinkendem Floß.
Immer wieder hoffst du auf Antworten
deiner wiederkehrenden Fragen,
um sie nach und nach
in deine ungewollten Denkmuster mit einzubinden.
Pausenlos redest du dir ein,
all diese facettenreichen Konventionen alsbald zu überwinden.
Doch das Floß, welches noch immer in dem Strudel
deiner selbst unterzugehen droht,
sucht nach einem sicheren Hafen.
Ein Ort, wo man zu Hause ist,
man einfach genügt und die verschwiegenen Bedürfnisse
nicht nur im Unterbewusstsein schlafen.

Begrabene Träume

Eine neue Zeitreise, überschattet von Emotionen,
die aufwühlen, sich nicht zuordnen lassen.
In Überlegungen verharrt, auf einem Spaziergang
durch unwegsame, menschenleere Gassen.
Die verzweifelte Suche nach jemandem,
der mir die Sicherheit gibt, alles richtig zu tun.
Zeitgleich Kampfgeist und das eigene Bewusstsein
sich wieder entfernen, um unauffindbar in mir zu ruh'n.
Eigentlich warte ich, so scheint es mir,
auf das eine Zeichen, welches mir hilft zu deuten,
damit ich es verstehe.
Merke, wie alles vor meinem geistigen Auge nicht zu greifen ist,
ich mich in einem Strudel meiner Unfähigkeit bewege.
Bei einem innerlichen Kampf scheint die Fähigkeit vergessen,
Freude zu empfinden, die Geister der Angst beugen sich in mir auf.
Unbewusst gebe ich ihnen nach,
nehme diese Niederlage billigend in Kauf.
Der einfachere Weg ist es,
sich dem drohenden Risiko nicht auszusetzen,
mich in Sicherheit zu wiegen.
Doch weiß ich, dass meine Träume dann weiter,
unerfüllt, in einem Grab, voller Sehnsucht, liegen.

Als gestern Enttäuschung und morgen Hoffnung war

Ein weiterer Tag, ganz unspektakulär,
sich seinem Ende entgegen neigt.
Ein weiterer Tag, der einem die bittere Realität aufzeigt.
Das Gestern, welches einst so präsent mein Dasein bestimmte,
ist schon längst keines mehr, eher Biografie.
Dass meine Gegenwart nur aus meinen Erzählungen
daran teilhaben kann, ahnte ich zu diesem Zeitpunkt nie.
Und auch wenn das augenblickliche Leben,
mit anderen Dingen gefüllt, mich vor neue Aufgaben stellt.
Der Gedanke an kleine Momente
meiner Geschichte mir das heutige, aufreibende Tun erhellt.
Ungewollt kommen sie aber wieder, die unerwünschten Zweifel,
welche versuchen, das Schöne klein werden zu lassen.
Jene Gegebenheiten, die ich immer wieder neu bekämpfen muss,
weil sie dafür sorgen, dass die geliebten Dinge
erschreckend schnell verblassen.
Der Beginn eines erfüllten Lebens voller Pläne,
beschäftigt mit meiner Verwirklichung,
war immer ein unerfüllter Traum.
Stattdessen hatten Prüfungen,
schwerwiegende Entscheidungen sowie Zerwürfnisse
einen allzu großen Raum.
Die Erkenntnis, kein Teil von dem großen Ganzen mehr zu sein,
überschattet den Erfolg meiner selbst immer wieder.
Doch es erklingen aus weiter Ferne, in ihren schönsten Melodien,
die wohltuenden, kämpferischen Lieder.
Ein neues, fast beängstigendes Erleben,
gleichzeitig schenkt es den lang ersehnten eigentlichen Sinn.
Neue Erfahrungen gesammelt für eine andere Zukunft,
die flüsternd resümiert, dass ich sein darf, wie ich bin.

Zweifellos zweifeln

Eines Tages, ganz unverhofft,
bekommt man die eine langersehnte Möglichkeit.
Freude darüber wird jedoch vom inneren Kritiker dominiert,
mein Traum erscheint unerreichbar weit.
In wankelmütigen Gedankenkonstrukten eingetaucht,
erscheint verloren der auserlesene Augenblick.
Überaus mächtig wirken Ängste, Menschen zu enttäuschen,
unsicher bleibe ich hilflos nun zurück.
Ich selbst überschatte jene Momente, die zum Greifen nah,
der eigene Zweifel sei auf ewig mein.
Eine effizientere Auffassung, als gewünschter Begleiter,
wäre hilfreich im alltäglichen, fragwürdigen Sein.
Dann ist da noch die Sache,
für das eigene Tun Überzeugungsarbeit zu leisten.
Während die Schöpfer des verborgen gehaltenen Mutes versuchen,
diese Mauern wieder einzureißen.
Und immer wieder, mit jedem neuen Tag, bemüht man sich,
sich vor Augen zu halten,
dass das hart erkämpfte Selbstvertrauen dazu dient,
sich unbekümmert weiter zu entfalten.

Aufgewacht

Und manchmal empfindet jemand
eine derartige Fremde in sich selbst,
dass du das eigene, vertraute Leben
auf unbestimmte Zeit grundlos infrage stellst.
Deutlich wird einem unmissverständlich vor Augen geführt,
dass, so wie alles geschieht,
es sich so unfassbar falsch anfühlt.
Da ist dann dieser kleine Funken Hoffnung,
der einem noch bleibt.
Während eine weitere Erfahrung
mehr dir die bittere Realität aufzeigt.
Bestimmungen, die kontrovers sind,
aber gleichzeitig einen Sinn ergeben.
Bestimmungen, die dir einfach den Glauben
an das Gute im Menschen nehmen.
Weiter kämpfst du dafür, dein Lachen beizubehalten,
es in Perfektion zu üben.
Damit ja nicht diese Gedanken aufkommen,
diese unbeliebten, trüben.
Ob du als einzigartiger Mensch
noch einen Platz in dieser Gesellschaft hast,
bleibt eine unbeantwortete Frage.
Eine, die ich vermeide,
wenn ich einmal wieder
über die Bedürfnisse aller Armen klage.

Statist im Leben

In einer stillen, unscheinbaren Nacht tobende Gedanken,
nicht enden wollende, sind erwacht.
Ein innerlicher Sturm zieht seine Kreise,
während Wünsche zu überleben versuchen,
Stärke zeigen auf ihre Weise.
Sie wollen noch nicht ausgeträumt sein,
die lang verstummten Bedürfnisse.
Eher sollten sie im Fokus stehen,
um den Charme zu verlieren,
sie wären eine bedeutungslose Kulisse.
Doch was tun,
wenn man sich als vom Sein bestimmter Statist fühlt,
man einfach jemanden sucht,
der einem richtige Verhaltensweisen souffliert?
Vergessen der lang zuvor erlernte Text,
der vom Regisseur Schicksal zugewiesen.
Meine Begabung sei wohl eher
die Erforschung des Menschen Tun,
ein Bestandteil meiner Analysen.
Richtig und falsch, lang bedacht,
jene Leitfäden zu ehren, sie dienen wohl der guten Form.
Entsprach ich jemals dieser vorbestimmten,
geradlinig wirkenden Norm?
Warum muss das alles genau so sein,
weil man glaubt, es sei korrekt?
Irgendwo in dieser Formel Leben
sich ganz bestimmt ein Fehler versteckt.
Darf ich noch einmal neu beginnen,
ohne essenzielle Vorgaben?
Als mein eigener Drehbuchautor,
entstanden in langen Nächten und kurzen Tagen.

Eingeständnisse

Dieses nicht enden wollende Gefühl,
als würde mein Anderssein mich heimsuchen.
Ich spüre bei jedem meiner Schritte,
dass es Menschen gibt, die mich zutiefst verfluchen.
Unbehaglich dieses Empfinden,
weiterzuleben mit dem Gedanken, gehasst zu werden.
Noch keine Strategien entwickelt,
mich im Hier und Jetzt zu erden.
Orientierungslos im eigenen Sein,
verloren scheint der einst kämpferische Geist.
In einem Strudel voller Emotionen,
ihm schutzlos ausgeliefert,
unaufhaltsam er mich einfach mitreißt.
Bei einem Gefecht gegen meine schwindenden Kräfte
ich fast ersticke.
Plötzlich, an einer Lichtung,
ich eine helfende Hand erblicke.
Lächelnd hält man sie mir vertrauensvoll entgegen.
„Du bist gut, verzeih' dir selbst!
Der Moment ist reif, Selbstvorwürfe beiseitezulegen."
Ich konnte nicht glauben,
wer mir entgegenhielt seine Hand,
wer meine innerliche Schuld offenbar verstand.
„Vergebung ist mein Name.
Ich beobachte dich schon eine lange Zeit.
Wieder und wieder hörte ich,
wie ein Teil deines inneren kleinen Kindes in dir schreit.
Bitte verstehe, nichts von alledem,
auch deine Fehler sind nicht mehr gutzumachen.
Aber in dir sie noch immer beinahe täglich
zum grausamen Leben erwachen.
Doch schau' dich um, wer dich seit vielen Jahren umgibt.

Es sind tröstende Wegbegleiter,
jeder dieser dich auf seine Weise liebt.
Ihre Zuneigung wird dir zuteil, sie erfreuen sich an dir.
Hab' Mut und schließe die längst marode, zerfallene Tür.
Eine Epoche der Vergangenheit,
die jeder einmal für sich beenden muss,
um neue Wege zu gehen.
Es werden dennoch, so glaube mir,
dir zugewandte Menschen immer zur Seite stehen."
Inzwischen angekommen, an einem ruhigen,
durch Sonnenstrahlen glänzenden See.
Auch die Narben einer unerträglich quälenden Biografie
tun nicht mehr allzu sehr weh.
Sie zeigen mir jedoch schmerzhaften Verlust
durch fatale Zerwürfnisse.
Sind nun begleitende Erinnerungsstücke an Menschen,
die ich noch heute vermisse.

Weg nach Hause

Wieder stecke ich meinen Schlüssel in eine verschlossene Tür.
Wieder eine bittere Erkenntnis:
Was sich dahinter verbirgt, gehört nicht zu mir.
Das Gefühl des großen Unbekannten fest in mir besteht.
Gezeichnet durch eine gescheiterte Suche
nach einem festen Stamm,
der für mich einsteht.
An Erinnerungen aus meinem Leben ich gerade schier ersticke.
Bilder, die nicht verblassen, aber so bedrohlich nah,
egal wohin ich blicke.
Fast ertrunken in einem Meer aus meinen lang versteckten Tränen.
Meine Befürchtungen vor der Zukunft
mich beinahe vollkommen lähmen.
Die Verbitterung der Menschen zwingt mich
heute gnadenlos in die Knie.
Ein Gefühl von Frieden empfand ich seither nie.
Ich halte noch immer den Schlüssel fest in meiner Hand,
ohne zu bemerken,
dass ich die dazugehörige Tür niemals wirklich fand.
Während meines restlichen Seins begleiten mich diese Erkenntnisse,
sind eine ungeheuerlich quälende Last.
Doch niemals höre ich auf zu glauben,
dass mein Schlüssel irgendwann in die richtige Türe passt.

Ein fast perfekter Tag

Dann auf einmal kommt ein Tag,
an dem alles in Ordnung scheint.
Doch plötzlich überschlagen sich
unvorhergesehene Ereignisse,
in dir ein innerliches Gewitter herankeimt.
Wie geht es weiter mit Gedanken,
die lang in Schubladen waren verborgen?
Wie aufleben lassen jene Gefühle,
die vor langer Zeit sind gestorben?
Von außen wirkt man kühl, ja fast unberechenbar.
Eigentlich versteht niemand,
wie maßlos schmerzhaft jede vergangene Minute oft war.
Strategien wurden entwickelt,
um weiter dem Sein in der Gegenwart zu bestehen.
Dennoch dafür gesorgt,
dass niemand hinter die errichtete Mauer würde sehen.
Nun die unbändige Angst, alte,
längst vernarbte Wunden werden erneut aufgerissen.
Furcht vor dem Moment,
an dem zu Wort sich meldet das gut behütete schlechte Gewissen.
Fehler, die unverzeihlich sind, leben erneut wieder auf.
Wieder nimmt, ganz unbekümmert, der Alltag weiter seinen Lauf.
Die Fähigkeit der erlernten Zuversicht
als Wegweiser im Leben zu bröckeln beginnt.
Hoffnung auf Entlastung,
wie Sand in meinen Händen durch meine Finger rinnt.
Das ist nun mein Weg, umzugehen mit all dem entstandenen Leid?
Oder ist es gar nur Fantasie, die zu reifen hatte jede Menge Zeit?

Die Antworten auf meine Fragen
sind irgendwo in Erfahrungen zu finden.
All den Schmerz ausgehalten, um neue Wege zu ebnen,
sich ein letztes Mal noch zu überwinden.
Eigentlich, so war es doch,
dass der schöne Tag recht gut begonnen hat.
Sonnenstrahlen wärmten mein Gesicht,
an unserem Himmel sah ich mich kaum satt.

Weltanschauung eines Weisen

Und auf einmal sucht man nach einem Weisen,
der einem verhilft zu einer klareren Sicht.
„Du musst in dich gehen", sprach ein kleiner,
in sattem Gelb gehaltener Wicht.
„So einfach funktioniert ein stabiles Sein
in schweren Stunden?"
Nie zuvor habe ich ein derartiges Gefühl
von Ratlosigkeit empfunden.
„Sag, was zu tun ist,
wenn Aggressionen von Menschen werden so laut.
Sag, was zu tun ist, wenn ein Mensch
eine emotionale Mauer um sich baut.
Sag, was zu tun ist, wenn Hass eines Menschen
über alle Maße hinaus Angst macht.
Sag, was zu tun ist, wenn Szenarien
wie diese führen zu einer weiteren schlaflosen Nacht."
„Ich kann deine Hilflosigkeit in deinen Fragen spüren",
antwortete der gelbe Wicht.
„Eine zufriedenstellende Antwort
weiß ich darauf wohl eher nicht.
Scheinbar stellst du dir meine Existenz
wahrhaftig zu einfach vor.
Die Menschen müssen öffnen,
das von ihnen verschlossene Tor.
Dahinter verbirgt sich ganz viel Hoffnung,
ganz viel Schmerz,
aber auch ganz viel Liebe.
Ich kann es sehen, jeden Tag,
wenn ich als Botschafter durch die Weiten fliege."
Ich möchte wissen:
„Hast du schon jemals hinter das fragwürdige Tor gesehen?
Mir fällt es schwer, jene Anschauungen von dir zu verstehen."

Energisch sprach der Wicht dann auf mich ein:
„Du wirst keine Erklärungen finden,
lasse dich bitte zugewandt auf meine Erzählungen ein!
Es wird immer Menschen geben, die anders denken,
anders handeln und anders fühlen als man selbst.
Verliere nie die Fähigkeiten, wie du mit deiner Einzigartigkeit
unseren grauen, einst blauen Planeten erhellst.
Nur eine Möglichkeit sehe ich für ein angstfreies Leben.
Jedem Menschen solltest du eine zweite Chance geben.
Akzeptiere das Anderssein aller hier auf Erden.
Das ist der einzige Weg, eine friedlichere Welt zu werden."

Die Kür unseres Lebens

Umgeben von Menschen, die deine Seele streicheln.
Dennoch fühlt man sich allein.
Es ist, als würde man die Zügel der Führung verlieren
im eigenen unüberschaubaren Sein.
Die schönsten Melodien
verlieren ihre einst unvergessliche Sinnhaftigkeit.
Dabei, so nahm ich an, war ich für eine neue Zeitreise bereit.
Ungewiss das weitere Geschehen,
von meinem Ziel wieder unendlich weit entfernt.
Habe die letzten Reserven der positiven Energien
wahrzunehmen verlernt.
Doch was ist eigentlich das Bestreben eines jeden hier?
Das Leben sei wahrhaftig eine nicht erprobte, unvollendete Kür?
Aufstehen, wenn man gefallen ist,
scheint wohl die schwerste aller Disziplinen.
Alles wirkt so surreal, als würde man vor sich selber fliehen.
Leider merkt man erst viel zu spät,
dass es niemals gelingen wird,
sich gedanklich davonzustehlen.
Es wäre wohl eine Form des Resignierens,
einen leichteren Weg zu wählen.
Was bleibt uns also,
als Tapferkeit mit sich zu tragen
und niemals aufzugeben?
Wir selbst sind die Schöpfer unseres Glückes,
die Wegweiser in unserem Leben.

Das letzte Korn unserer Sanduhr

Die Gegenwart mit Menschen
aus der Vergangenheit regelmäßig erleben?
Ein Geschenk, wem es zuteil ist, wahrhaftig ein großer Segen.
Das Leben schreibt nun einmal
seine ganz persönlichen Geschichten,
einige wohl eher umstritten.
Es speichert jede Szene der Momente,
in denen man so furchtbar hat gelitten.
Auch die Erfahrung lehrt uns,
viele Wünsche bleiben oft unerfüllt.
Wieder sucht man nach einer Möglichkeit,
in der man die Sehnsucht nach Vertrautem stillt.
In Erinnerungen schwelgen, um sich daran zu erfreuen.
Rückblickend betrachten,
was wir stellenweise gar auf ewig bereuen.
Zeit, unaufhaltsam sie stetig weiter verstreicht.
Irgendwann hat das letzte Korn
unserer Sanduhr den Boden erreicht.
Und dann ist es vielleicht zu spät, nachzuholen,
was man heute schmerzlich vermisst.
Weil man glaubt, dass genügend Zeit hier auf Erden jedem gegeben ist.

Heimatlos

Unsere Erde: so wunderschön an Landschaften für alle Zeit.
Nun aber wurden Träume von Akzeptanz Vergangenheit.
Kleine Kinder dürfen nicht in Frieden
auf den Straßen in ihrer Heimat spielen.
Schwer vorzustellen,
wie sie sich mit diesen Gegebenheiten wohl fühlen.
Die Großmutter erzählt keine abenteuerlichen Geschichten.
Stattdessen versucht sie, ihren innerlichen Kampf
mit sich selbst zu schlichten.
Sie wartet auf ihren Sohn, der in den Krieg ziehen muss.
Zum Abschied gab sie ihm einen liebevollen, ja sanften Kuss.
Nun ihre maßlose Angst, sie müsse ihn zu Grabe tragen
sowie ihrem Enkel davon erzählen, denn er würde nach ihm fragen.
Die einzige Möglichkeit auf ein sicheres Leben
wäre, ihre Wurzeln in ihrer Heimat aufzugeben.
Zu flüchten in ein fernes Land,
dessen Sprache sie nicht mehr erlernen kann.
Doch sie tut es trotzdem, für die Familie,
zusammen mit ihrem betagten, kranken Ehemann.
Und dann, wenn man in der Fremde angekommen ist?
Es sie schier zerreißt, weil sie Vertrautes so sehr vermisst.
Die Großmutter lebt mit der offensichtlichen
Abneigung unzähliger Leute.
Überflutet von Erinnerungen an heimische Mahlzeiten,
über die sie sich einst so sehr freute.
Sie spürt große Furcht in einem für sie völlig fremden Land.
Wo Zuversicht auf Hoffnung scheinbar vollständig verschwand.
Dennoch macht sie irgendwie weiter,
nicht selten fühlt sie sich einsam und allein.
Dabei war ihr größter Wunsch immer nur,
irgendwo zu Hause zu sein.

System Leben

Und dann fragt man sich,
was auf unserer Welt gerade geschehe.
In allen Bestimmungen
man ein bestimmtes System dann sehe.
Glaubt, dieses Dasein
mit all seinen undurchsichtigen Facetten
zwingt einen in die Knie.
Ein derartiges Gefühl von Hilflosigkeit
empfand man zuvor noch nie.
Verloren die Überzeugung an einen Optimisten,
der Besserung verspricht.
Es ist die Angst vor der Zukunft,
die eine lang bestehende Schutzmauer zerbricht.
Doch auf all unsere Fragen
wird es wohl niemals
eine zufriedenstellende Antwort geben.
Wir Menschen haben verlernt,
im Hier und Jetzt zu leben.
Man fühlt sich unwohl,
mit längst aufgestauten Aggressionen.
Die sich, mit Abstand betrachtet,
wohl eher weniger lohnen.
Sie rauben die Energien zum Genesen,
um wieder Kräfte zu mobilisieren.
Groß die Gefahr dabei,
die letzte Motivation zu verlieren.
Möglicherweise entdeckt man
eine fast abhandengekommene Erinnerung daran,
wie die Melodie von Frieden vor langer Zeit einst klang.

Neue Wege

Wenn eine unerschütterliche Liebe
durch des Lebens Grausamkeit zerbricht,
Ist es oft die maßlose Furcht vor dem Alleinsein,
die unentwegt zu einem spricht.
Das Herz und die Gedanken
an Einsamkeit zu ersticken drohen.
Die Ängste nach dem Inneren greifen,
um dort auf ewig zu wohnen.
Ein Andenken an den verloren geglaubten Menschen
allgegenwärtig in Erscheinung tritt.
Der Versuch eines neuen Anfangs,
der erste, sanfte, wacklige Schritt.
Ein Schritt in das gewünschte Leben
mit Liebe und Harmonie.
Eine Empfindung wie diese gab es seither nie.
Und dann, wenn die Möglichkeiten zum Greifen nah,
denkt man daran, wie es in der Vergangenheit einst war.
Doch was unsere Lieben sich wünschen für alle Zeit,
das wir eines Tages wieder sind zu fühlen bereit.

Tröstende Erinnerung

Ich frage mich, wo der Sinn in allem besteht.
Die Gedanken kreisen um sich selbst,
bis dann jeder einzelne wie im Winde verweht.
Die Seele eines jeden bleibt tatsächlich in einer Art Zwischenwelt?
Tröstend jene Anschauung, die uns vor neue Glaubenssätze stellt.
Durch die maßlose Trauer alles an Bedeutung und Wert verliert.
Sehnsucht nach der vertrauten Nähe,
die man einst so intensiv hat gespürt.
Weiter dreht sich die Erde, als sei nichts geschehen,
dabei gibt es einen Menschen,
der musste von dieser für alle Zeiten gehen.
Was zurückbleibt, sind jene Tage,
die nur noch als Andenken existieren.
Den Boden unter den Füßen
scheint man dabei schier zu verlieren.
Doch dann, fast unbemerkt, lächeln wir vor Glück,
weil eine beinahe vergessene Erinnerung
kam leise in unser Herz zurück.

Des Lebens Sinn

Eine Gesellschaft, in der man sich im Strudel der Zeit fremd fühlt.
Das Dasein, als wenn man selbst Theater auf einer Bühne spielt.
Nicht dazugehörig zu empfinden, im eigenen Leben.
Nicht zu wissen, welchen Sinn man ihm soll geben.
Und auch wenn die Liebe stets gewinnt,
eine Träne der Wehmut mir heimlich entrinnt.
Wer hat es so eingerichtet, dieses Sein?
Warum lässt man uns mit jenen Fragen ganz allein?
Wo ist ein überschwänglicher Optimist,
der mir Zuversicht verspricht?
Wo ein Beschützer, der mir verhilft
zu einer auf die Dinge neutraleren Sicht?
Soll es nun wirklich richtig so sein,
dass man zu viele Interpretationen fügt in unsere Gegenwart hinein?
Richtig wäre es wohl, die Erwartungen zu minimieren,
um Fragen zu vermeiden, weshalb wir existieren.
Doch auch wenn ich all die Leitfäden
des großen Ganzen theoretisch verstehe,
frage ich mich pausenlos, warum alles gerade auf diese Art geschehe.

Das Tor zu mir

Überflutete Inspirationen in Sachen Leben
lassen mich gleiten über all meinen Wegen.
Erwache aus dem Sein, der von Regeln geformten Normalität.
Als Glücksbotschafterin auf einer Welt,
in der unser Akku sich stetig entlädt.
In meinen Selbstzweifeln scheinbar
auf ewig und für alle Zeit gefangen.
So bin ich auf einer endlosen Suche,
meine Glücksgefühle wieder zu erlangen.
Was wird mir genommen von der Pharmazie?!
Wo wird sie hingehen, meine endlose Energie?
Mein Gewitter im Kopf erfüllt mich doch!
Also lasst mich nicht wieder fallen in das einst tiefe Loch.
Wir fahren Achterbahn und sind gedanklich schneller als sie.
Wir können kreativ denken wie vorher noch nie.
Wir können zu Fuß die Lichtgeschwindigkeit überholen.
Wir sprechen in abstrakten Gemälden von versteckten Symbolen.
Lest nun auch etwas über mich als Menschen hier.
Dann öffne ich dir gern das verschlossene Tor zu mir.

Reise durch meine Gedankenwelt

Was bleibt uns noch im Leben,
wenn nicht einmal die Gesundheit dir ist gegeben?
Welchen Weg kann ich gehen,
um wieder hoffnungsvoll in die Zukunft zu sehen?
Alles andere wird plötzlich ganz klein,
dabei ist der einzige Wunsch doch nur, gesund zu sein.
Lasst das Verlangen nach den besten Gütern im Leben.
Diese können nur die materiellen Dinge dir geben.
Betrachtet nicht den Ruhm der Welt,
denn dieser ist doch nicht, was eigentlich zählt.
Lebt für Frieden auf unserem Planeten.
Es ist ein Geschenk, wenn wir ihn betreten.
Oft werden so zahlreiche Worte gesprochen
und dabei viel zu viele Versprechen gebrochen.
Halten wir einander fest, auch an schlechten Tagen,
es ist meine Hoffnung, die alles lässt ertragen.
Wenn du dich noch an Sonnenstrahlen erfreuen kannst,
dabei auch keine großen Reichtümer verlangst,
dann bist du auf einem Weg, der Freiheit dir ebnet.
Sei willkommen in meiner Gedankenwelt und liebevoll gesegnet.

Tanz am See

See der Überraschungen,
hieltest heute so viel Freude für mich bereit.
Während ich nicht zu mir finde,
eine erschreckende Panik in mir aufsteigt.
So viele Fragen beugen sich in mir auf,
keine zufriedenstellende Antwort fand ich bis jetzt darauf.
So wanderte ich an dir entlang,
als ich mich in einer Art Isolation befand.
Wofür führt mich gerade heute der Weg zu dir?
Diese Gedanken waren so präsent in mir.
Wer mir heute meine Antworten gab,
habe ich kaum zu erwarten gewagt.
Rotbraun ist gehalten dein Fell.
Als ich dich erblickte, schien mein Inneres leuchtend hell.
Eichhörnchen, mein Retter in der Not,
dank dir sich mir ein Bild wie in einem Märchen bot.
Du tanzt für mich, so empfinde ich,
von Ast zu Ast,
als hättest du Sorge, dass du etwas verpasst.
Doch eigentlich versäumen nur wir Menschen etwas im Leben,
die anfangs schlechten Gedanken möge man mir vergeben.

Meine Trauerweide

Trauerweide, du schöne Weise,
behältst bei dir all die Gedanken meiner Lebensreise.
Fast wie von selbst führte mich mein Weg nun zu dir,
du trägst mit dem Rauschen in deiner Krone
all meine Sorgen von mir.
Schützend und wärmend
bietest du mir dein langes, sicheres Lianenkleid.
Auf meiner Wanderung bin ich, dank dir,
nun für einen Neuanfang bereit.

Gedanken einer Weihnachtsnacht

Oh Weihnachtszeit, du Schöne.
Für die Menschheit besinnlich, friedlich und froh?
Ein traditionelles Lied spielt, zum Einstimmen,
die uns bekannten Melodien im Radio…
Erinnerungen an eine Zeit,
als man noch voller Glauben an Wunder war.
Als man in eine Welt blickte, in der man so hoffnungsvoll,
fast neugierig, die große Freiheit sah.
Heute die Suche nach einem Platz,
an dem man sich setzen darf, um nur man selbst zu sein.
Unermüdlich die Anstrengungen, einfach zu genügen,
alles erscheint so belanglos und klein.
Der Blick in die Vergangenheit,
plötzlich ein irreal wirkender Traum.
Und viel zu oft spielt man weiter die Rolle vom lustigen,
immer gut gelaunten Clown.
Doch was tun, wenn die Manege,
in der du strahlst, nur eine Zierde ist?
Eine Zierde, in der die Zuschauer übersehen,
wer du eigentlich wirklich bist.
Geliebt zu werden, auch wenn man weiterhin
sich selbst versucht treu zu bleiben.
Das wären die wohl schönsten Geschichten,
welche große Dichter als grenzenloses Glück beschreiben.
Konflikte, die entstehen,
weil man im Alltag viel zu selten Verständnis hat aufgebracht.
Gedankenkonstrukte einzustürzen drohen,
in einer nicht enden wollenden Weihnachtsnacht.

Jahreswechsel

Wenn ich wandere durch die menschenleeren Gassen,
fällt es mir schwer, meine Gedanken zu begreifen und zu fassen.
Die Ruhe vor dem Sturm, so ungewohnt,
ja fast beängstigend erscheint.
Sind in der Silvesternacht
tatsächlich alle Menschen
mit ihren Familien oder Freunden vereint?
Das Ende eines Jahres schenkt uns Zeit,
Zeit, Erinnerungen an Vergangenes
rückblickend zu betrachten.
In jedem von uns schlummern jene Denkwürdigkeiten,
bis sie nun an einer Wende plötzlich erwachten.
Warum muss man erst an einer Kreuzung stehen,
ehe wir wirklich Wichtiges erkennen, damit wir es sehen?
Doch was, man lasse es mich wissen,
ist an Sinn und Bedeutung so groß?
Dinge, die elementar ein Gefühl von Sicherheit geben,
erscheinen auf einmal unglaublich wertlos.
Und dann?
Wenn alle scheinbaren Notwendigkeiten zum Leben vorhanden sind?
Für uns alle, ob arm oder reich, ein sorgenfreies Dasein beginnt?
So fiebern wir also mit einem inszenierten Feuerwerk
lautstark dem neuen Jahr entgegen.
Einen Impuls jedoch verspüre ich,
eine Offenbarung niederzulegen:
Ich hungere nicht, ich friere nicht,
keine Soldaten bewaffnet auf unseren Straßen marschieren.
Reumütig ich mir eingestehe,
den Blick für aufrichtige Dankbarkeit zu verlieren.
In einer unterschwelligen Scham versunken,
weil ich realisierte, was ich nie wirklich sah.
Allen Menschen hier sowie auf der ganzen Welt
ein gesundes, friedliches neues Jahr.

Zauberhafte Weihnacht

Seid ihr bereit,
euch in ein Wintermärchenland zu begeben?
Dorthin, wo eine schneebedeckte Landschaft wartet,
um schöne Momente in euer Herz zu legen?
Lasst euch entführen in eine Welt,
die noch heute ihren Zauber für uns alle bereithält.
So wandern wir also eine Allee entlang.
Plötzlich vernehmen wir, von weit her,
aus unserer Kindheit bekannten, weihnachtlichen Gesang.
Einst erzählten diese Lieder von einem Christkind,
welches in einer Scheune wurde geboren.
Damals gingen große Sorgen und Nöte für einen kurzen,
magischen Moment beinahe verloren.
Unsere Reise geht weiter,
umgeben von unzähligen tanzenden Kristallen.
Unermüdlich, leise, ja fast ehrfürchtig,
scheinen sie vom Himmel zu fallen.
Langsam bricht die Dunkelheit über uns herein.
Diese muss aber keineswegs beängstigend für uns sein.
Denn unsere Welt, eingebettet in einem weißen, weichen Winterkleid,
erleuchtet warm und besinnlich die herannahende Weihnachtszeit.
Halten wir inne, einen kurzen Moment nur,
unser Blick schweift ab in die heilsame, malerische Mutter Natur.
Haben wir in der Vergangenheit an unseren Nächsten gedacht?
Haben wir Menschen aufrichtig geliebt und glücklich gemacht?
Ein weiteres Jahr werden wir mit dem Feste beschenkt,
ein weiteres Mal der Himmel uns in sorgenfreie Richtungen lenkt.
Denken wir an die Armen, Kranken und Schwachen
und senden ihnen unseren Segen.
Mögen auch sie in einer besseren Zukunft in Frieden leben.
So sei es, dass nun an jeden von Herzen ist gedacht.
Ich wünsche allen hier und auf Erden eine frohe Weihnacht!

Unbeugsame Liebe

Ein junger Mann, gut aussehend,
erfüllt mit unbändiger, nicht enden wollender Energie.
Die Welt lag ihm zu Füßen, seine Lust am Leben
reichte bis in die weit entfernte Galaxie.
Herausgerissen aus seinen Zukunftsplänen
voller kreativer Ideen.
Eine Sekunde entschied darüber,
dass er an einer Wende würde stehen.
Wider Erwarten kämpfte der tapfere Mann
sich ins Leben zurück.
Siegessicher, dennoch schmerzerfüllt,
wurde er kräftiger, wenn auch nur Stück für Stück.
Verloren die Kraft seiner Beine, die ihn zuvor tanzend
durch seine unbekümmerte Welt getragen.
Furchtbare Sorgen ihn daher unentwegt nun plagen.
Auf endlos, steinig langen Wegen
er seine große Liebe schließlich fand.
Gemeinsam bestritten sie ihren Alltag,
gemeinsam das Leben, Hand in Hand.
Und dann, als alle Weichen gestellt, alles schien perfekt,
ein neuer Gegner der Liebe nach ihnen den Arm ausstreckt.
Er möchte dieses gemeinsame, grenzenlose Glück zerstören.
Niemand ahnte die Tragik,
und niemand konnte seine Boshaftigkeit erhören.
Krebs stahl sich mit verstörender Brutalität
die Gesundheit von ihm.
Er machte es wahr, alle Lebensgeister
gnadenlos aus dem jungen Manne herauszuziehen.
Nach endlos langer Zeit allein,
ohne seine große Liebe, hat er alles ertragen.
Die Heimkehr aus der Klinik vollbracht,
seine Nächsten vermieden beinahe, nach jener zu fragen.
Keinem war das bevorstehende Drama bewusst.

Es würden die letzten Tage zusammen sein.
Die letzten gemeinsamen Stunden
der bestehenden Liebe im eigenen Heim.
Doch die inzwischen mitgenommene Frau
war unfähig, ihn zu versorgen.
Die Tränen, die sie nachts verlor,
blieben in ihr tief verborgen.
Man empfahl, er möge zum Entschlafen
an einen geschützten Ort besser gehen.
Unbesiegbar jedoch die Liebe zu seiner Frau,
die, geprägt von hemmungsloser Sehnsucht,
ließ ihn diese Maßnahme nicht verstehen.
Und sie?
Sie wollte nicht entscheiden über Notwendigkeit und Leid.
Sie wollte bei ihm sein, sie war bereit.
Eine Liebesgeschichte ihr unglückliches Ende hier fand.
Der Krebs ballte seine Faust zusammen,
als gleich durchschnitt er brachial dieses bestehende Band.
Langsam würde er nun, im Beisein seiner liebenden Frau,
seine Augen für immer schließen.
Langsam würden Kampfgeist und Wille
aus seinem geschundenen Körper fließen.
Noch einmal sind beide
über alle Maße hinaus miteinander vereint.
Während sie nun endlich
keine heimlichen Tränen mehr weint.

Kinderaugen

Verloren den Glaube an Kobolde,
Zauberer und andere Wesen.
Mit Disziplin werden in der Schule
jene Geschichten, möglichst fehlerfrei, gelesen.
Doch die wahren Abenteuer, mit ihren Mutproben,
sind nicht in Büchern zu finden.
Sie leben in den Kleinsten,
die sie unermüdlich in ihr Tun einbinden.
Du meinst, einen wunderschönen Baum
auf deinem Weg zu erblicken?
Dabei sollten Kinder auf ihm sitzen,
um ihre Träume ins Universum zu schicken.
Immer wenn ein Kind eintaucht
in die moderne virtuelle, fast unberechenbare Magie,
stirbt irgendwo ein Zeuge
unserer längst abhandengekommenen Fantasie.
Wir alle sollten lernen, um wieder besser zu verstehen,
wie es einst war, die Welt mit Kinderaugen zu sehen!

Frühlingsboten

Und fast unbemerkt
recken die ersten Frühblüher ihre Köpfchen
aus einer kalten, von Eis ummantelten Schneedecke.
Ein Gefühl von Erleichterung,
dass überstanden ein harter Winter, ich in mir erwecke.
Es stimmt an, ganz leise und doch voller Energie,
der langersehnte Frühling seine Melodie.
Millionen glänzender Kristalle,
die noch immer viele Dächer unserer Häuser zieren,
beginnen allmählich, an gewohnter Kraft zu verlieren.
Aufgewacht aus einem tiefen, langen Schlaf
scheint nun unsere Natur.
Doch auch der Winter hinterließ in mir,
von Ehrfurcht geprägt, seine ganz eigene Spur.
Mein wahr gewordener Traum von Rapsfeldern,
die hell erleuchtet in der Sonne strahlen.
Von Fliederblüten, die duftend in ihrem satten Lila
uns schöne Bilder malen.
Nun Gegenwart, was vor Kurzem noch Sehnsucht war.
Für das Erleben jener Boten unserer Zeit unendlich dankbar.

Himmelreich auf Erden

In einer einst großen Wolke sammelten sich tausende Regentropfen,
die sich zum Niederschlag bereithielten.
Doch gab es Einzelne, die verwundert waren
über die Stille auf der Erde, wo vor einigen Zeiten
noch sorglos viele Kinder spielten.
Da geschah es, dass eine Vielzahl resignierter Engel an ihnen vorbeiflog.
Einer von ihnen einen Gehilfen
noch schnell hektisch hinter sich herzog.
Die kleinen Regentropfen sahen zu ihnen auf und fragten sich,
wer diese entzückenden Gestalten wohl waren.
Wir sind Schutzengel, antworteten diese.
Aber keiner der Bewohner auf der Erde wird je von uns erfahren.
Und warum, glaubt ihr, werden sie nie wissen, dass es euch gibt?
Weil niemand mehr, seit langer Zeit, seinen Nächsten liebt.
Erschrocken über diese Antwort,
erwiderte einer der vielen Regentropfen leise:
Warum wisst ihr so viel über die Liebe?
Ein jeder empfindet sie doch auf seine Weise?
Der älteste aller Engel sprach nun energisch
auf den kleinen Tropfen ein:
Wenn du einmal auf der Erde bist, wirst du sehen,
wie es ist, dort unten zu sein.
Enttäuscht zog der neugierige Wolkenbewohner sich zurück.
Er war verunsichert über des Engels starren, fast leer wirkenden Blick.
Warte, rief dieser dem Tröpfchen noch hinterher.
Die dunkle Wolke ist schon zum Regnen bereit und unendlich schwer.
Warum soll ich mich vorbereiten für einen Weg,
auf dem ewige Sinnlosigkeit wohnt?
Haaalt, rief verärgert, aus weiter Ferne, der freche Wicht vom Mond.
Wer bist du? Woher kommst du?
Warum haben wir dich hier noch nie gesehen?
Ich helfe in Krisen, führte der Wicht dann fort.

Damit ihr lernt, besser zu verstehen.
Ich möchte euch die Welt erklären, hört mir aufmerksam zu,
damit nicht alles unverändert bleibt.
Wisst ihr, wer für all jenes Elend verantwortlich ist?
Wer diese traurigen Geschichten schreibt?
Es sind Menschen, die den Glauben verloren haben.
Irgendwann, so war es, bemühten sie sich, ihn in sich zu begraben.
Es sind Menschen, die nicht mehr Geben und Teilen können.
Sie haben verlernt, ihrem Gegenüber aufrichtig etwas zu gönnen.
Es sind Menschen, die hasserfüllt nutzlose Kriege führen.
Sie nehmen sich das Recht heraus, weiter Waffen zu produzieren.
Es sind Menschen, die, von Armut bedroht, einfach böse werden.
Weil ihre kleine Welt, vor Langem schon,
zerbrach in Millionen kleiner Scherben.
Es sind Menschen, die über alle Maße
hinaus ihrer kräftezehrenden Arbeit nachgehen,
um sich dann darum zu sorgen,
wie sie mit dem gering verdienten Lohn die Zeit wohl überstehen.
Eine beängstigende Stille machte sich über dem Wolkenreich nun breit.
Lediglich war nur noch der Klang einer Harfe zu vernehmen,
diese schien aber unendlich weit.
Der schlaue Wicht merkte an:
Dort unten haben wir alle noch viel zu tun.
Wir können uns nicht einfach zurückziehen und uns ausruhen.
Wer gibt den Bäumen in den Wäldern dann Wasser zum Überleben?
Oder warten wir einfach unbekümmert auf den langersehnten Regen?
Wer schützt die Menschen, wenn sie unverschuldet in Gefahr geraten?
Während ihre Familien wahrscheinlich
schon eine geraume Zeit auf ihre Rückkehr warten.
Auch unsere Mutter Natur wird bedroht von dem Lauf der Zeit.
Doch sie scheint, trotz allem, für einen Neuanfang bereit.
Sie spendet uns Felder und Wiesen,
auf ihnen können Tier sowie Mensch
wunderschöne Momente genießen.

Sie schenkt uns Nahrung, die wir schon lange nicht mehr schätzen.
Wir haben verlernt, uns mit den Wundern auseinanderzusetzen.
Wäre nicht genau jetzt ein guter Moment dankbar zu sein,
all diese Gaben in unseren Händen zu halten?
Oder wollen wir weiter diesen Wahnsinn unterstützen,
in dem es schwerfällt, sich ungeniert zu entfalten?
Eine Blumenpracht auf unseren Wegen
sollten wir wieder lernen zu erleben.
Auf einer Bank die Weiten bestaunen,
um sich auf eine neue Reise zu begeben.
Eine Reise, die tief im Inneren beginnt,
da, wo diese Dinge noch irgendwo von Bedeutung sind.
Das Herz öffnen für den immerwährenden Glauben daran,
dass eines Tages, mit aller Hilfe, vieles wieder gut werden kann.

Gestohlene Freiheit

Und dann denkst du, dass dir die Realität gnadenlos ins Gesicht
schlägt.
Verloren das letzte Fünkchen Energie, welche,
wie ein herabfallendes Blatt, im Winde verweht.
Umgeben von einem dichten Nebel, in dem du zu ersticken drohst.
Erinnerungen, meine Überlebenshilfe, dennoch ein schwacher Trost.
Unendlich scheint der Weg, den es zu überwinden gilt.
Entmutigt von Misserfolg, der mich wie ein Mantel umhüllt.
Es gäbe noch so viel mitzuteilen und ebenso viele Fragen.
Gedanklich lege ich nieder meine Feder,
um all die Worte feierlich zu begraben…
Zu Ende eine Ära, welche in der Phantasie einst ihre Glückseligkeit
fand.
Diese ist für alle Zeiten in einem majestätischen Feuer verbrannt.
Jeder kämpft nun weiter ganz für sich allein,
dabei war der größte Wunsch immer nur,
die Welt mit meinen Geschichten zu erfreuen.

Obdachlos

Augenblicklich nehme ich den Regen, der voller Inbrunst gegen das Fenster prasselt, fast melodisch wahr.
Gedankenkonstrukte, die fliehen, um nicht gehalten zu werden, erscheinen gleichzeitig aber zum Greifen nah.
Mein Blick gerichtet auf die menschenleeren Straßen,
wo vor ein paar Stunden noch Kinder beim Toben die Zeit vergaßen.
Vereinzelnd spenden Laternen noch ihr karges Licht.
Tausende Regentropfen schimmernd vor mir tanzen.
Am Tage sieht man Derartiges eher nicht.
Während ich beobachte dieses beruhigend wirkende Schauspiel,
überkommt mich, schleichend, ein schier erdrückendes Gefühl.
Unerwartet denke ich an einen Herrn,
der seit kurzer Zeit an einer Hauptverkehrsstraße lebt.
Heute Nacht ist es ungemütlich nass.
Ich frage mich, wie es ihm mit diesem Umstand wohl ergeht.
Oft sehe ich ihn dort sitzen,
lange scheint er noch nicht an diesem Platz zu sein.
Meine vermeintlich benötigten Notwendigkeiten
empfinde ich ihm gegenüber schon fast gemein.
So viele Dinge, die selbstverständlich sind, wirbeln Fragen in mir auf.
Mutlos, sie ihm zu stellen, lieber nehme ich die ein oder andere schlaflose Nacht in Kauf.
Recht unwahrscheinlich, dass meine Art von Mitgefühl
ihm eine hilfreiche Stütze ist.
Und wir? Wir erfreuen uns an Gütern,
die dieser Herr möglicherweise schmerzlich vermisst.

Realität oder Alptraum?

Wieder eine Nacht gefüllt mit heimlichen Wünschen,
und die Gedanken so laut.
Der neue Tag nun nicht mehr weit,
es mir vor dem bevorstehenden Sonnenaufgang graut.
Ich suche nach Antworten auf immer wiederkehrende Fragen.
Bisher noch keine zufriedenstellenden gefunden,
unfähig, all jenes Elend zu ertragen.
Längst aufgegeben die Suche nach einem Weisen,
der mir erklärt die Welt.
Die Lösung des ursprünglichen Problems somit gänzlich entfällt.
Doch wie geht es nun weiter mit diesem Scherbenhaufen?
Ein tief empfundener Impuls umgibt mich, einfach davonzulaufen.
Ob irgendwo auf unserem Planeten
all meine Erklärungen auf mich warten?
Oder sind es nur Fantasien, die unabsichtlich in Erscheinung traten?
Bei einem Versuch, meine Denkmuster
einfach mit Hoffnung zu beheben,
merke ich, wie meine Angst gerade erst beginnt, richtig aufzuleben.
Wo erfährt man Hilfe in großer Not?
Wie finanzieren sich Menschen das tägliche Brot?
Was, wenn es plötzlich ganz kalt wird im eigenen Heim?
Wo finden Bedürftige Unterstützung, um nicht überfordert zu sein?
Wenn diese gefunden, ist dann ausreichend Zuwendung für jeden da?
Oder stellt die Inanspruchnahme ein neues Hindernis dann dar?
Wie richtig reagieren, wenn, wie prophezeit, der Strom ausfällt?
Woher soll man nehmen für gestiegene Kosten das geforderte Geld?
Wer schenkt den Alten, Kranken und Schwachen
Beachtung in dieser Zeit?
Wer ist für sie da, wenn ihre Familien verzogen,
aber der Weg zu ihnen so unendlich weit?
Dann die traurige Gewissheit,
dass nicht weit von hier Bomben explodieren.

Wo die Menschen vor Ort sich schutzsuchend in dunklen,
nassen Bunkern verbarrikadieren.
Etwas verstört, ja fast erschrocken, erwache ich.
Dieser so real wirkende Alptraum einer ausweglosen Tragödie glich.

Kleines, großes Glück

Jede Sekunde des Tages möchte ich versinken
in deinen rehbraunen Augen.
Du hast mich berührt und verändert,
durch dich beginne ich wieder zu glauben.
Jedoch nicht an ein nahes Ende von Kummer und Leid.
Es ist eher das grenzenlose Gefühl von purer Dankbarkeit.
Unbesiegbar deine Geduld, wenn ich dich zu lesen lerne.
Von dem ersten Augenblick an, den du bei uns warst,
funkelten in mir Milliarden kleiner Sterne.
In der Nacht, wenn konfuse Gedanken,
von Sorgen ermutigt, lebendig werden,
spüre ich, wie du mit deinem warmen Körper versuchst,
meinen Geist zu erden.
Nur ganz sanft, aber dennoch so intensiv
drückst du dich noch näher an mich heran.
So, als würdest du sichergehen,
dass ich dich nun nicht mehr alleinlassen kann.
Du reißt Mauern ein, bloß um mich
für einen Moment nur fröhlich zu sehen.
Würdest auch bis ans Ende der Welt,
bei strömenden Regen, mit mir gehen.
Erfüllt ist dein kleines Herz mit all deiner tief empfundenen Liebe,
während ich in einem innerlichen Kampf
noch die Ungutgefühle besiege.
Ich nehme dich zu mir auf den Arm,
und wieder versinke ich in deinem Blick.
Ohne dass du es ahnst, bist du mein unantastbares Glück.
Erneut halte ich dein weiches, zartes Pfötchen fest in meiner Hand
und denke mir einen kurzen Moment:
Du wurdest mir von meinem Schutzengel gesandt.

Herbstgeflüster

Hast du mich schon kommen gesehen?
Ich bin nun überall und werde dich eine kleine Weile
auf deinen Wegen begleiten.
Ich fühle mich jedoch nicht erwünscht,
möchte den Menschen auf Erden ungern Kummer bereiten.
Es lässt sich nicht mehr aufhalten.
Schmerzhaft kann jeder es inzwischen spüren.
Öffne man mir nur einen kleinen Spalt
dieser gedanklich verschlossenen Türen.
Die Wehmut über einst vergangene Lebendigkeit
ist tief hinter den Mauern verborgen.
Nun wartend auf den richtigen Moment,
auch ich bin im Laufe der Jahre vorsichtiger geworden.
Dennoch lehre ich euch zu staunen und zu erleben,
sich mit Faszination einer Sache völlig hinzugeben.
Deutlich wird man sehen,
schnell verging einmal wieder diese so wertvolle Zeit.
Erneut zu spät begriffen,
für weitere Veränderungen noch immer nicht bereit.
Siehst du, wie schön ich die einst satten Grüntöne
der Baumkronen bunt färben kann?
Dieses rostige Rot, wie es schimmert?
Es dauerte einen ganzen Sommer lang.
Auch die Sagen der vorbeiziehenden Wildgänse helfe ich dir zu lesen.
Sie bedanken sich für ihren Lebensraum bei uns. Schön sei es gewesen!
Der Morgen beginnt nun etwas später
seinen Weg aus der nächtlichen Dunkelheit.
Als Geschenk bettet er ein unsere Natur in ein schützendes Nebelkleid.
Die in der Sonne glänzenden Kristalle,
auf den letzten lebendigen Blumen, blieben fast unbemerkt.
Keines von ihnen hat sich vor dem anstehenden Zerfall
gegen ihr Schicksal gewehrt.
Und der Mensch?

Kann er ebenso akzeptieren, dass eine neue Zeit anbricht?
Auch ich beherrsche zu verzaubern!
Liebevoll streichele ich dein erstauntes Gesicht.
Verwundert frage ich mich,
ob du den letzten Funken bestehender Hoffnung bemerkst?
Das ist meine Aufgabe, jedes Jahr wieder.
Denn ich bin der Herbst!

Hilfreicher Fremder

Wie ergeht es dir, lieber Fremder, in diesem Land,
welches dir so anders erscheinen mag?
Immer wiederkehrende Erinnerungen holen dich an jenen Ort,
wo deine kleine Oase zuletzt in Trümmern lag.
Nun diese neue Welt, die keine deiner persönlichen Vorlieben kennt,
eine neue Welt, in der man über Kleinigkeiten schon anders denkt.
Eine neue Welt, in der niemand dich versteht,
eine neue Welt, in der man eine ganz andere Mentalität dir vorlebt.
Selbst die Wolken, die unseren Himmel zieren,
sehen fremd für dich aus.
Dennoch siehst du zu ihnen hinauf
und baust dir mit ihnen dein eigenes, sicheres Haus.
Geplagt von Heimweh suchst du seit vielen Jahren hier dein Glück.
Doch viele Menschen sind vorsichtig und misstrauisch,
deshalb wiesen sie dich viel zu oft zurück.
Auch du hast Träume davon, dich zu entfalten,
so wie es einst in deiner Heimat war.
Niemals wirst du müde, deinen Vorstellungen zu folgen,
deinen Zielen oft nur in Gedanken ganz nah.
Heute jedoch soll großes Glück dir endlich einmal widerfahren.
Für all die Mühe der Vergangenheit und das eiserne Sparen.
Eine Geldbörse, gefüllt, wie du sie zuvor noch nie gesehen hast,
lag achtlos auf deinem Weg.
Niemand, dachtest du dir selbst,
hat sie aus purer Nächstenliebe hier abgelegt.
Als du nach kurzer Überlegung
einen Blick auf das wertvolle Leder gewagt hast,
wurden deine Hände, beim Berühren des Stückes, ungewohnt nass.
Eine Idee nach der anderen kam in deinen Sinn.
Am meisten jedoch die Frage: Wo bringt man so einen Fund nun hin?
Schnell kam dir, nach einem Feuerwerk im Herz,
der Impuls, zur Polizei zu gehen.

Auch jene Beamten waren so erstaunt,
dass sie dir widmeten ein offizielles Dankeschön!
Die ganze Welt soll erfahren,
dass jeder Mensch auf seine Weise besonders ist.
Weil man im alltäglichen Leben, mit sich selbst beschäftigt,
wirklich Wichtiges vergisst.
Heute Abend kommst du erschöpft
in dein dunkles Zimmer im Wohnheim.
Nach den Ereignissen des heutigen Tages
schaltest du aus Vorsicht lieber nicht das Fernsehgerät ein.
Dir ist gut bekannt, worüber sie immer wieder ausführlich erzählen,
niemand merkt, wie dich diese Bilder eigentlich quälen.
Jeder aber soll wissen, dass aus deinem Land
viele Boshaftigkeiten ihr Unwesen treiben.
Genau deshalb können viele Menschen dich auch nicht wirklich leiden.
Ja, du hast Recht: Sie kennen dich nicht.
Oft reicht es aus, wenn anders aussieht deine Haut oder dein Gesicht.
Niemand, der die aktuellen Nachrichten schaut, weiß,
dass du heute einem Menschen sehr behilflich warst,
während du weiterhin, ganz allein, an dir zweifelnd,
in deiner Situation verharrst.

Formloser Antrag

Hallo, einen schönen guten Tag, der Herr,
ich brauche etwas Hilfe und bedanke mich schon einmal sehr!
Was kann ich für Sie tun, nette Dame?
Wissen Sie, Hoffnung ist mein Name.
Leider habe ich nicht mehr allzu viel Geld,
darum weiß ich auch nicht, ob Ihnen meine Frage gefällt.
Ich bitte um eine hilfreiche Hand, die mir zur Seite steht.
Denn ich habe große Angst,
dass mir während der Inflation meine letzte Sicherheit ausgeht.
Wie, werte Dame, kann ausgerechnet ich Ihnen dabei helfen?
Sie können mir erklären, welche Gesetze für mich gelten!
Inzwischen sitze ich hier bereits schon seit dem frühen Morgen
und höre mir an der Leute Kummer und Sorgen.
Ich bin hier, um Ihnen zu erklären, wo sie welche Behörde finden,
nicht um mir noch mehr weinerliche Geschichten
an mein Bein zu binden!
Wirklich sehr bedauerlich,
gern hätte ich für einen formlosen Antrag nur etwas Papier.
Gute Frau, das wird ja immer schöner!
Und wer, glauben Sie, bezahlt es mir?!
Enttäuscht und voller Angst, wie ich über die Runden kommen mag,
wünsche ich dem Herrn am Empfang noch einen schönen Tag.
Ich schlendere, in meinen Gedanken versunken,
über endlos lange Wege,
während ich noch nach Erklärungen suche,
warum ich, unwissend, seinen Zorn erregte.
Plötzlich und unerwartet ich aus weiter Ferne die Menschlichkeit sehe.
Ich laufe zu ihr, allen Mut zusammengefasst,
als ich sie um ein Stück Papier anflehe.
Warum bist du so aufgelöst, liebe Hoffnung,
sprach sie ruhig auf mich ein,
ich brauche zur Erklärung meiner Wohnsituation ein Stück Papier,
sonst verliere ich mein Heim.

Wenn ich dir schon mit einem Stück Papier dabei helfen kann,
wundere ich mich, warum verzweifelst du dann?
Ich habe zuvor bei einem Herrn darum gebeten,
dieser jedoch hat meine Bitte nur mit Füßen getreten.
Möglicherweise war meine Frage auch zu viel,
er gab mir ein unbehaglich erdrückendes Gefühl.
Kannst du mir erklären, auf wen ich dort getroffen bin?
Ja, er nimmt uns die Kraft, tief in uns drin.
Es war wohlmöglich der missmutige Ignorant, der zu dir sprach.
Dich zu unterdrücken, erschien ihm wohl ausgesprochen einfach.
Die Logik der Willkür dahinter zu verstehen, fällt mir unsagbar schwer.
Doch wenigstens belastet mich die Sorge
um ein kleines Stück Papier nun nicht mehr.

Vergänglicher Glücksmoment

Und dann sagte der schöne Moment,
dass es für ihn Zeit wäre zu gehen.
Warum willst du fort, fragte ich,
während wir uns beide noch gegenüberstehen.
Weil ein Moment nur für einen kurzen Augenblick bei dir bleibt.
Er reist dann weiter, damit er neue Geschichten schreibt.
Traurig und enttäuscht habe ich ihn also weiterziehen lassen.
Auch ich setzte meinen Weg langsam fort.
Er führte mich durch ein paar verwinkelte Gassen.
Meinen Blick fast noch im Boden versenkt,
war die Verwunderung groß über das Bild, welches sich mir bot.
Ein wunderschöner, in sattem Grün gehaltener Löwenzahn,
der beinahe den Asphalt anhob.
Das leuchtende Gelb der Blüte erstrahlte,
fast unermüdlich, in der untergehenden Sonne.
Tränen der Wehmut laufen über mein Gesicht,
gleichzeitig ich ein Gefühl von Leichtigkeit bekomme.
Fast unbemerkt kehrte dieser schöne Moment zu mir zurück.
Plötzlich spürte ich wieder Hoffnung,
wenn auch nur ein kleines Stück.
Was du mir sagen willst, habe ich nun verstanden:
Diese Glücksmomente sind scheinbar immer in uns vorhanden.
Nur haben wir verlernt, diese auch wahrzunehmen.
Weil der Alltag uns fesselt und wir all die kleinen Schätze übersehen.
Schnellen Schrittes wanderte ich weiter
durch den inzwischen stark aufkommenden Regen.
Denn ich hatte Angst zu vergessen,
mir eine schöne Erinnerung ins Herz zu legen.

Nur ein Stadtbummel

Ein schöner Spaziergang, nur für mich ganz allein.
Es könnte ja, wohlmöglich, ein kleiner Glücksmoment dabei sein.
Weshalb ich mich einmal gegen die ruhigen
und heilsamen Augenblicke der Natur entscheide.
Ich möchte Menschen sehen, einen Stadtbummel genießen.
Dinge, die ich gewöhnlich vermeide.
Etwas unbeholfen laufe ich eine wunderschöne Allee entlang.
Warte darauf, bis ich höre der Vögel fröhlichen Gesang.
Es hupt, es quietscht.
Für den Bruchteil einer Sekunde war ich unendlich weit entfernt.
Habe, so scheint es mir, die Alltagsgeräusche wahrzunehmen verlernt.
Doch die hohen Bäume mit ihren inzwischen bunt bewachsenen
Kronen wollen mich wohl für meine neu gewonnene Abenteuerlust
belohnen.
Ein rostiges Rot, ungewöhnlich hell erleuchtet, so,
wie ich es zuvor noch nie sah,
begleitet mich zu einer prachtvollen Kastanie,
unter der ich, nach Schutz suchend, zufrieden war.
Es setzt sich zu mir eine Mutter mit ihren zwei Kindern.
Sie braucht wohl eine Pause vom ständigen Wissensdurst-Lindern.
Unsere Blicke treffen sich,
doch wenden wir uns schnell wieder voneinander ab.
Sie wirkt auf mich überarbeitet, müde und schlapp.
Nach kurzer Zeit des Verweilens macht sie sich weiter auf ihren Weg.
Ich schaue ihr noch etwas nach,
bis plötzlich ein junger Mann vor mir steht.
Er bittet mich um ein wenig Geld.
Denn er hätte heute noch nichts gegessen.
Zunächst kamen mir hunderte Fragen in den Sinn,
bei seinem Anblick jedoch hielt ich diese für vermessen.
Also gab ich ihm das bisschen Kleingeld, welches ich bei mir trug.
Eine kalte Nacht haben wir vor uns, hoffentlich meistert er sie gut?
Meine anfänglichen Pläne werden zu bedeutlosen Nichtigkeiten.

Es ist wohl am besten, mich auf den Heimweg vorzubereiten.
Doch ich spüre, dieser zunächst harmlose Stadtbummel
hat etwas mit mir gemacht.
Ein junger Mann, der hungrig war, schläft da draußen heute Nacht.
Dann die hübsche Frau mit ihren Kindern, neben mir auf einer Bank.
Ich weiß nichts über sie,
außer dass sie grübelnd in ihren Gedanken versank.
Zu Hause angekommen,
hänge ich noch den heutigen Begegnungen nach.
Ein Tag geht zu Ende, der mir am Morgen so viel Zuversicht versprach.
Mir wird einmal mehr ganz plötzlich wieder klar,
der Menschen Nöte und Sorgen sind nicht weit,
sondern bedrohlich nah.

Arm oder reich?

Als Politiker ist dein Geldbeutel prall gefüllt
und auch unvorstellbar groß?
Welch eine Beruhigung, das ist das große Los!
Auch erfolgreich bist du deshalb schon jung an Jahren geworden?
Deine vorgegebenen Talente blieben,
dank guter Investitionen, den Menschen also nicht verborgen.
Erstrahlst in deinem Glamour die Bühnen auf der weiten Welt.
So sehr, dass dein Schimmer auch die dunkelsten Gassen erhellt.
Was für ein Erlebnis, einmal ganz nah mit anzuschauen,
wie es wohl sein mag, so ein Ereignis mit aufzubauen.
Der Techniker sorgt, auch an Feiertagen, für das perfekte Licht.
Seine Frau und seine Kinder warten auf ihn,
aber darüber spricht er nicht.
Dann gibt es noch den Verantwortlichen für den Ton,
der eingestellt werden muss.
Seiner schwangeren Freundin
gab er vor Arbeitsbeginn noch einen flüchtigen Kuss.
Alles glänzt und ist so porentief rein,
dafür wird auch jemand zuständig sein.
Eine ältere Dame, die eigentlich schon ihren Ruhestand genießt.
Bei dem Gedanken daran
ein eiskalter Schauer mir über meinen Rücken fließt.
Ihr Mann, der noch immer mit einer Kriegsverletzung kämpft,
ist heute fast blind.
Er sorgt sich um seine geliebte Frau, wenn sie nicht beisammen sind.
Gern würde er ihr all den Ballast und die schwere Arbeit abnehmen.
Oft fühlt er sich wertlos, quält sich mit dem Gedanken,
er müsse sich schämen.
Bitte, lieber Gott, erkläre mir dieses Leben!
Warum darf ein alter, gebrechlicher Senior
sich nicht sorglos zur Ruhe legen?

Warum muss ein hart arbeitender Mann
seine hochschwangere Freundin allein lassen
und sich während der Arbeit ängstigen,
die Geburt seines ersten Kindes zu verpassen?
Warum muss ein Familienvater
an Feiertagen seiner kräfteraubenden Tätigkeit nachgehen?
Wohl wissend, dass seine drei kleinen Kinder,
schon auf ihn wartend, am Fenster stehen.
Es fällt mir schwer, mit meinem kleinen Verstand das alles zu begreifen.
Vielleicht lassen Kummer und Sorgen uns Menschen
jedoch in irgendeiner Hinsicht weiter reifen.
Falls ich, in meinem nächsten Leben,
einmal richtig mächtig sein werde,
verspreche ich euch Frieden und Hilfe
für jeden Bewohner dieser Erde.

Perfekt unperfekt

Die künstlichen Nägel in all ihrer farblichen Vielfalt
vollenden das scheinbar makellose Aussehen, ohne jeglichen Vorbehalt.
Es fehlen noch die passenden Schuhe, um das Bild abzuschließen.
Nun ist es vollbracht,
und ich kann die Bewunderung aller Menschen genießen.
Doch was ist auf einmal bloß mit mir geschehen,
warum gefällt es mir nicht, mich so anzusehen?
Mein Spiegelbild redet ohne Pause auf mich ein,
es meint, niemals wäre es mein Wunsch, so zu sein.
Eigentlich kannst du auf hohen Absätzen doch gar nicht laufen?
Und eine passende Tasche zu deinen Nägeln
würdest du dir niemals kaufen!
Auf Make-up und Gloss legst du doch gar keinen Wert,
es ist nur die materielle Gesellschaft, die dich so etwas lehrt!
Weißt du, mein Spiegelbild, du hast vollkommen Recht,
und im Verkleiden war ich schon immer furchtbar schlecht.
Ich weiß genau, ich habe absolut keine Modelmaße,
sehe nicht so schön aus
wie die zahlreichen Passanten in der Einkaufsstraße.
Auch richtig stilvoll tanzen habe ich im Leben nie gelernt,
von einem Besuch in einem Szenelokal bin ich meilenweit entfernt.
Zweifele aber manchmal auch daran,
dass mein Gedankenlautwerden immer gut sein kann.
So passe ich wohl nicht ganz in die heutige Welt hinein,
mein Selbstbewusstsein verschwindet, ich fühle mich allein.
Irgendetwas, tief in mir, leise aber spricht:
So perfekt unperfekt zu sein, macht glänzend dein Gesicht.

Haus am See

Tausende Sterne glänzten in der Sonne
auf dem schimmernden See,
oh, du schöne Sommerzeit, Abschied nehmen tut sehr weh.
Bei meinem Blick über das wunderschön bewachsene Land,
habe ich in Scharen zusammengeführte Zugvögel erkannt.
Auch sie machen sich auf eine lang bevorstehende Reise,
dem Winter zu entfliehen, Lebewohl zu sagen auf ihre Weise.
Noch aber sind sie da, die letzten,
entzückenden Momente unserer Sommerzeit,
erst wenn die Blätter leise fallen,
dann scheint der erste Frost auch nicht mehr weit.
Gemeinsam durften wir diese, oft verkannte, Magie erleben,
zusammen diese wertvollen Schätze
als Erinnerung in unser Herz nun legen.
Verschließen wir sie gut darin,
damit sie niemand mehr nehmen kann,
wenn der Winter naht, holen wir sie heraus und öffnen sie dann.
An kalten Tagen erzählen wir uns von den einzigartigen Momenten,
als wir durch die funkelnden Sterne tauchten,
von den aufregenden Abenteuern auf Spaziergängen,
und wir für unser Glück nicht viel brauchten.
Noch einmal Besuch von einem scheuen Reh,
noch einmal der Blick auf unser Haus am See.

Bote des Glücks

Oft scheint es, als schwebst du schwerelos über eine saftig grüne Wiese.
Auf ihr spüre ich den Duft der Blumen
und eine erfrischende Sommerbrise.
Wie sehr wünschte ich, dass meine Gedanken,
einfach wie du, davonfliegen.
Ganz bestimmt würde es dann auch gelingen,
den alltäglichen Kummer zu besiegen.
So sehr leuchtest du, mit satten Farben, in der untergehenden Sonne.
Meine Augen sich mit Tränen füllen,
weil ich ein Gefühl von Freiheit bekomme.
Nun zieh' los, Schmetterling, du hübsches, buntes Wesen.
Auf dir kann ich noch
die letzten Kapitel eines unvergesslichen Sommers lesen.
Ich werde an kalten, grauen Wintertagen
jene Momente tief in meinem Herzen tragen.

Stifte, die Glücksmomente schreiben

Eine tiefe Traurigkeit schlägt mir hemmungslos in mein Gesicht,
unzählige Gedanken erwachen und nehmen mir die Sicht.
Scheitere qualvoll bei dem Versuch daran,
dass ich die Traurigkeit
in wunderschöne Erinnerungen umwandeln kann.
Doch warum auch umwandeln, was längst schon geschah?
Bloß weil man die Dinge einst mit anderen Augen sah.
Sie ist geschrieben, die Geschichte unserer Vergangenheit.
Richten wir den Blick auf,
dort liegen schon neue Seiten des Lebens für uns bereit.
Beschriften müssen wir sie allerdings ganz allein.
Hoffentlich mit dem Stift des Mutes, möge er immer bei uns sein.
Niemand darf uns diesen kostbaren Schatz je nehmen!
Der Pessimist aber, unser Feind,
setzt alles daran, ihn uns zu stehlen.
Es ist ein besonderes Leben, geben wir gut darauf acht.
Denn es hat, fast unbemerkt, ein neues, schönes Erlebnis uns gebracht.

Hoffnung

Und warum schaust du so traurig ins unendliche Sternenmeer?
Ich weiß es nicht, sprach ich, das Leben ist manchmal einfach nicht fair.
Warum, glaubst du, würde es nicht gerecht sein, dieses Leben?
Vielleicht weil ich verlernt habe zu glauben und zu vergeben.
Doch warum stellst du mir all diese Fragen?
Weil ich hörte dein Weinen und dein Klagen.
Wer dort bloß zu mir spricht, möchte ich gern wissen.
Leises Flüstern antwortete: Das sagt dir schon bald dein Gewissen.
Die Sterne so glänzend, funkelnd und klar,
als ich schon fast wieder auf meiner Traumreise war.
Plötzlich aber entdecke ich den hellsten aller Sterne,
er leuchtet mir in der Dunkelheit aus weiter Ferne.
Es ist ein Wunder, dass ich euch alle jede Nacht auf's Neue sehe,
während ich nach Frieden und Gerechtigkeit flehe.
Hat man auch im Alltag den Blick für die weit entfernte Magie,
oder verlernt man das Betrachten des Zaubers
und sieht ihn vielleicht nie?!
Jeder kann ihn sehen, deinen Zauber, wie du ihn nennst,
jeder Mensch, der auch ein wenig von innen glänzt.
Von innen glänzen, wie soll das gehen?
Du musst einfach in die Augen der Menschen sehen!
Und dann sehe ich das Glänzen in ihren Herzen?
Oh ja, du kannst sehen das Glück, die Liebe,
aber auch die Trauer und die Schmerzen.
Doch wie gelingt es mir in der so kalten Zeit, danach zu leben?
Du musst den Menschen, die dir begegnen,
eine neue Chance nur geben.
Die Nacht ging vorüber, es wurde wieder ganz hell,
bitte beantworte mir meine Frage noch schnell.
Warum, lass' mich wissen, wirst du plötzlich ganz stumm?
Weil ich dich immer begleite, denn ich bin die Hoffnung.

40 Jahre turbulentes Leben

Als zwei Menschen sich gefunden und lernten sich zu lieben,
dachten sie zunächst, sie könnten all ihre Sorgen besiegen.
Vor genau 40 Jahren wurde ein Kind geboren.
Doch die Gesundheit hatte sich gegen das kleine Wesen verschworen.
Es durfte nicht, wie andere, unversehrt geboren werden.
Alle Hoffnungen der Eltern zerbrachen in tausend Scherben.
Glücklicherweise kam es anders, als zunächst angenommen.
Entgegen aller Prognosen,
ist es nie zu jenem befürchteten Moment gekommen.
So vergingen die Jahre, und heranwuchs ein freches,
aber sensibles Kind.
Die unbeschwerte Zeit endete auf einmal ganz geschwind.
Denn ehe das Mädchen sich versah,
ist nichts mehr, wie es einst war.
Eine Familie zerbrach an Kummer und Leid.
Keiner von ihnen war je zu einer Versöhnung bereit.
Es teilte sich auf, was einmal zusammengehörte.
Niemand ahnte, dass es schon damals das kleine Mädchen zerstörte.
Ihre Mutter weinte, als sie sich zum Abschied haben zugewunken,
so sehr, dass man glaubte, sie wäre in ihren Tränen ertrunken.
Das Mädchen wuchs heran, oft jedoch ganz allein.
Der Vater aber versuchte an freien Tagen immer bei ihr zu sein.
Sie war noch zu jung, um wirklich zu verstehen, dass auch ihren Vater
sie in ein paar Jahren würde nie mehr wiedersehen.
Zunächst genoss sie nun die Zeit,
als sie glaubte, die Welt läge ihr zu Füßen bereit.
Das Gefühl war berauschend, hielt allerdings auch nicht lang an.
Als eine neue, traumatische Odyssee für sie begann.
Nie hat jemand gemerkt, wie es dem Vater zumute war.
Seiner inzwischen herangewachsenen Tochter
wurde urplötzlich aber klar:
Ihr Vater wird sie nun bald verlassen und von dieser Erde gehen.

Viele Nächte hat sie an ihn gedacht, bis sie lernte, es zu verstehen.
Er hat seine große Liebe für immer verloren!
Schon damals schien der Zerfall in ihm endgültig geboren.
Bis zum Verlassen, auf dieser Welt
hielt das einst kleine Mädchen seine Hand.
Denn sie spürte noch immer das zwischen ihnen unsichtbare Band.
Wieder vergingen die Jahre, und sie lernte, selbst zu lieben.
Sie hat es geschafft, so ihren Sorgen zu entfliehen.
Schnell holte sie die Vergangenheit jedoch ein,
als sie noch immer zweifelte am ganzen Sein.
Wer könnte sie denn schon groß verstehen,
bei dem gescheiterten Versuch, alles mit anderen Augen zu sehen?
In schweren Zeiten verlernt,
sich in dieser Gesellschaft zurechtzufinden,
um die ein oder andere Schwierigkeit souverän zu überwinden.
Irgendwann einmal ist auch genug gelitten!
Ja, diese Einstellung mag sein umstritten.
Seit einer Ewigkeit kämpft sie schon,
auf andere zu hören, es richtig zu tun.
Heute vor 40 Jahren die Geburt eines turbulenten Lebens.
Auch die Suche nach Sicherheit war meist vergebens.
Unaufhaltsam weiter verstreicht die uns verbleibende Zeit.
Während das kleine Mädchen noch heute,
heimlich, nach seinen Eltern schreit.

Grundbedürfnisse

Wenn ich wandere durch die Weiten der schönen Natur,
denke ich mir, wo sind die wohltuenden Erinnerungen nur?!
Dabei entdecke ich der Tierwelt hartes Leben,
während über mir einprasselt ein erfrischender Sommerregen.
So sei es, dass wir noch mehr lernen von diesen Wesen,
das wir lernen zu deuten, um zu lesen.
Ja, sie sind unbekümmert im Jetzt und Hier.
Wenn ich mich achtsam umschaue, zeigen sie es mir.
Immer wieder ich mich in meinen Gedanken weiter verliere,
unüberwindbar die Hürde, wenn ich dasselbe probiere.
Plötzlich aber darf ich lauschen,
wie die Baumkronen im Winde rauschen.
Ist uns Menschen noch immer nicht ganz klar,
dass für unendlich viele Seelen all diese Dinge ein Traum nur war'n?!
Kriege erschüttern noch heute unsere einst himmlische Welt,
nur weil man an alte Prinzipien, Glaube sowie Macht festhält.
Urplötzlich ereignen sich Naturkatastrophen, die mit grausamer Brutalität Häuser zerstören,
dort, wo vor Kurzem noch das Gelächter von Familien war zu hören.
All diese Menschen haben, außer ihr Leben, beinahe alles verloren.
Wie mag es ihnen dabei ergehen, dass sie in diese Welt wurden hineingeboren?!
Derartige Szenarien haben viele von uns noch nie gesehen,
darum sollten wir ganz schnell versuchen zu verstehen.
In der so unaufhaltsam, nicht enden wollenden schweren Zeit
lasst unsere Herzen erfüllt sein mit ein wenig Menschlichkeit.

Philosophisch quergedacht

Des Querdenkers Philosophie:
Hinter einem Regenbogen schlafen die Träume nie.
Sie fangen an, in uns zu leben,
wenn wir ihnen genug Raum und Zeit dafür geben.
Ein Gedanke, tief in mir verborgen, auf die Reise geht,
über Wiesen und Felder, bis er an einer Kreuzung steht.
Diese regelt den hektischen Verkehr,
auch der Gedanke wird plötzlich so schwer.
Eben noch so verzaubernd und klar,
jetzt trostlos, wo eben noch Hoffnung war.
Warum schaut ihr Menschen euch nicht mehr ins Gesicht?
Habt ihr Angst, dass eure Mauer zerbricht?!
Was wäre denn so schlimm daran,
wenn man auch ein wenig dahinter sehen kann?
Mir ist unendlich kalt geworden, ohne lebendige Träume in dieser Welt.
Bis sie wieder erwachen, warte ich, dass der innere Ballast abfällt.

Meine Reise

Ich bin auf einer Reise, von der ich nicht weiß,
wohin sie mich führt.
Kann sehen eine andere Welt,
in der man ein anderes Bewusstsein spürt.
Die Bilder an weißen Wänden können lebendig werden.
Ich kann sie mit der Kraft meiner Gedanken
in bunte Leuchtoasen färben.
Ein wildes Tier auf meinen endlosen Wegen,
spricht ein Gebet und schenkt mir seinen Segen.
Bei genauerer Betrachtung der Wolken gelingt es mir,
auf ihnen durch den Himmel zu fliegen.
So ist es möglich, mit meiner Euphorie die bösen Mächte zu besiegen.
Bin ich dann angekommen, ganz weit oben,
kann ich sehen, wie auf der Erde die endlosen Kriege toben.
Habe Fähigkeiten erlangt, als Botschafterin durch das Leben zu reisen,
während meine Energien noch den grauen,
einst blauen Planeten umkreisen.
Es fällt mir unendlich schwer, euch Menschen zu verstehen,
darum kämpfe ich Tag für Tag, um euch wieder in die Augen zu sehen.
Bitte lasst mich ziehen, wenn auch nur ein kleines Stück,
dann kehre ich vielleicht einmal gesund zu euch zurück.

Mein Wallnussbaum

Ach, wie erlerne ich denn nur, meine innere Mitte zu finden,
um all die belastenden Gedanken
des alltäglichen Wahnsinns zu überwinden?!
Was wissen wir denn schon über das Leben?
Welch einen Sinn können wir ihm geben?
Müssen wir dem, unserem Leben, eine Aufgabe erteilen?
Um dann ruhigen Gewissens weiter hier zu verweilen?
Die kleinen Wegweiser und Zielvorgaben hat noch niemand erkannt.
Ja, sie wurden allzu oft aus unseren Köpfen verbannt!
Zufriedenheit mit dem eigenen Tun,
stattdessen jagen wir nach dem ersehnten Ruhm.
Nun betrachte ich dich, du mächtiger Wallnussbaum,
hilfst mir sehr beim Entfliehen in meinen schönsten Traum.
Der mitunter in mir zu leben beginnt,
bei meinem ganz eigenen Weg eine Träne meinem Gesicht entrinnt.
Eine Träne, weil ich nicht weiß, ob Wahrheit oder Fantasie,
vielleicht auch eine Träne der aufkommenden Melancholie.
Oh, du mein schöner, mich schützender Wallnussbaum,
spendest mir mit deiner Krone einen besonders friedlichen Raum.
Hätten wir doch nur genügend Zeit, um Träume lebendig zu träumen,
um dann lachend und heiter
niemals mehr so einen Moment zu versäumen.

Stimmen im Kopf

Wollt ihr mir etwas sagen, wenn ihr mich in die Enge treibt?!
Ihr, die so einnehmend mein Wesen verändert
und einfach meine Geschichte überschreibt!
Meine Geschichte, die allein zu mir gehört!
Was fällt euch ein,
dass ihr meine Zuversicht in meinem Leben zerstört?!
Warum könnt ihr nicht gehen, mich mein Leben endlich leben lassen?!
Ich verliere mich selbst, kann meine Gedanken nicht mehr erfassen.
Verzweifele jeden beginnenden Tag daran, euch erneut zu überleben,
um dann meinem Dasein wieder seinen eigenen Sinn zu geben.
Doch irgendwo, ganz tief in mir verborgen,
fühlt es sich so an, als sei die Hoffnung noch nicht ganz gestorben.
So übergriffig schreitet ihr ein, in mein persönliches Empfinden.
Wollt mich ganz und gar, mit aller Macht, in eure Welt einbinden.
So voller Helligkeit mein eigenes Licht einst war,
es schimmerte in den schönsten Farben, glänzend und klar.
Wohin ist all die Energie meines Ursprungs eigentlich gegangen,
während ihr mich gnadenlos weiter haltet gefangen?
Beinahe erloschen jene winzige Flamme,
die noch eine lange Zeit in mir schien,
und so beginne ich erneut vor den Tiefen meiner selbst zu fliehen.

Verzauberter Raum

Von Unruhe getrieben, verweile ich hier am rauschenden Meer,
meine Angst peitscht mir ins Gesicht.
Ich spüre dieses nicht enden wollende Gefühl von Leere,
suche das wärmende Licht.
Auf meinen langen Wegen durch das unwegsame Tal
flüstert eine Stimme mir zu:
„Finde den Schatz, und es möge kommen die langersehnte Ruh'!"
Was, frage ich verwundert, möge dieser Schatz denn sein?
Die Stimme verschwindet,
lässt mich mit meinen Gedanken wieder allein.
Also wandere ich weiter, verloren in mir selbst, am Ufer entlang.
Von weit her aus den Tiefen der Dunkelheit
tönt auf ein fröhlicher Gesang.
Verzaubert von der hoffnungsvollen Melodie
entfalten sich ungeahnte Kräfte in mir.
Gehe weiter, begleitet von den magischen Klängen,
bis ich gelange an eine verschlossene Tür.
Als aus dem Nichts erneut diese seltsame Stimme erklingt,
die mir einen in Gold gehaltenen,
fast zerbrechlich wirkenden Schlüssel bringt.
„Öffnest du diese Tür mit viel Tapferkeit und unendlichem Mut,
sei gewiss und glaube mir, dann wird alles wieder gut."
Noch bevor die Tür halb offen war,
glaubte ich nicht, was ich dort sah.
Geblendet vom hellsten Schein,
zog es mich fast wie von selbst in jenen Raum hinein.
Ein wohlig warmes Gefühl, ja eine Leichtigkeit,
umgibt mich ganz und gar,
nicht wissend, was hier mit mir geschieht,
meinen Träumen aber zum Greifen nah …
Träume, die einst nur geträumt waren, doch jetzt beginnen zu leben.
Weit ab von alledem, was Angst macht,
von der heilenden Wärme des Lichts umgeben.

Lilienzauber

In einem selten ruhigen Moment betrachte ich dich nun hier.
Lasse den Blick schweifen, schiebe alle Unwohlgefühle von mir.
In schweren Augenblicken, als weißes Wesen,
bist du oft Wegbegleiter für Trauernde gewesen.
Heute darf ich dich in leuchtend frohen Farben genießen,
während meine Gedanken, vor Entzücken,
in eine Art Seligkeit zerfließen.
Der arbeitsreiche Alltag, mit all der Freude und dem Leid,
wird nun, dank dir, zu einer bedeutungslosen Nichtigkeit.
Du badest in einem erfrischenden, ja makellosen, Rosaton.
Dein Anblick möge mich nun für endlose Mühe belohn'n.
Mein Wunschtraum, du könntest bei mir sein, ein ganzes Leben,
erscheint mir als wahrer, langersehnter Segen.
Denn du wunderschöne Lilie blendest mich mit deiner Blütenpracht
und hast mir mit deiner Erscheinung heute endloses Glück gebracht.

Das Familienbild

Der Gedanke an vergangene Zeiten
sollte als schöne Erinnerung mich begleiten.
Beinahe täglich schwindet ein Wohlgefühl in mir,
meine Traurigkeit führt mich zu einer halb offenen Tür.
Dahinter ein Raum, den ich nicht zu betreten vermag.
Eine unendliche Hilflosigkeit, die mich fesselnd anstarrt.
Habe verloren meine Zuversicht und die Fähigkeit zu vergessen,
war wie gelähmt vom Sein beim quälenden Kräftemessen.
Doch in einer unscheinbaren Ecke, in diesem kleinen Raum,
hinterlassen die Ereignisse auch einen schönen Traum.
Einst war es Liebe, die aus Menschen Familie machte,
noch heute lebt das Bild in mir, wenn ich es betrachte.
Schaue zurück und halte inne, nur einen kleinen Moment,
bevor die Realität den Teil meiner Geschichte für immer verbrennt.

Theaterstück Leben

Wenn die Worte fehlen, um zu erklären, was man selbst nicht versteht,
schreit die Angst als Zeichen, dass man noch lebt.
Die Welt stellt sich als Bühne eines Theaterstückes dar,
zu Ende scheint das Leben, in dem ich einst der Hauptdarsteller war.
Ich trete hinaus aus einem Körper,
der geschunden von dem Rad der Zeit,
und finde mich wieder in der friedvoll wirkenden Ewigkeit.
Der Geist, getrieben von der Euphorie, vor Glückseligkeit nun tanzt,
verschwunden die Pein damaliger Realität
und vergessen das Übergreifen der maßlosen Angst.
Fühle Schwerelosigkeit und singe die schönsten Lieder,
erzähle euch meine Geschichten als einst tapferer Krieger.
Es sind keine Träume, die sich in meinen Gedanken verlieren.
Ich möchte einfach verhindern, in der dunklen, kühlen Welt zu erfrieren.

Zerbrochene Welt

Das lang ersehnte Glück auf unser aller einst schönen Welt
vor unseren Augen langsam in Trümmer fällt.
Es tut weh, mein Herz zerbricht,
meine Angst nun flehend zu euch spricht:
Legt nieder die Waffen und stoppt den Krieg,
es wäre für die Menschheit wohl der wahre Sieg.
Meine Worte verstummen, meine Furcht wird ganz laut,
der Gedanke an die Ereignisse mich meines Verstandes beraubt.
Was ist denn bloß mit uns geschehen?!
Ich habe in weiter Ferne doch schon das Friedenslicht gesehen?!
Halten wir in dieser schweren Zeit einander fest.
Der ewige Glaube an Frieden,
mich daran noch immer nicht zerbrechen lässt.

Sonnenblumenglück

In einer späten Sommernacht
wurde ich von einem Traum plötzlich wach.
Ich entdeckte dich am Wegesrand,
ergriffen von meiner Freude habe ich dich sofort erkannt.
Dein Köpfchen gehalten in einem satten Gelb,
du strahlst mich unbekümmert an, auf deinem großen weiten Feld.
Gibst mir so viel Segen, wenn ich dich nur sehe,
du hilfst mir, den Zauber innezuhalten, während ich weitergehe.
Ich träume mich wieder in den schönen Traum,
und genieße es, dich weiter anzuschau'n.

Melodie des Glücks

Auf der Karriereleiter hoch hinaus willst du gehen?
Dabei gibt's hier unten noch so viel zu sehen!
Beförderung steht auch im Raum?
Es erfüllt sich also ein langersehnter Traum.
Welchen Wunsch haben wir, wenn der Alltag uns festhält?
Welchen Grund hat es, was uns am routinierten Sein so sehr gefällt?
Große Ziele, von Erfolg gekrönt, stärken dein Gefühl.
Merkst du es nicht: Es ist eine unwegsame Hürde, ein endloses Spiel!
Denn Reichtum verhilft dir zur beruhigenden Sicherheit.
Ist man dann wahrhaftig auch von Nöten und Sorgen aller Art befreit?
Lieder unserer Epoche ertönen, fast unbemerkt,
in den friedlichsten Klängen.
Ich sehne mich nach Zeit, meinen Gedanken weiter nachzuhängen.

Flügelschlag des Glückes

Weißer Schwan in der tosenden Flut.
Ich halte meine Euphorie fest und achte sie gut.
Denn wenn ich verliere die schönsten Gedanken,
komme ich mit meinem Gleichgewicht ins Wanken.
Die Leichtigkeit deines Flügelschlags ist unendlich heilsam für mich.
So zieh' nun los, Gott behüte dich.
Halte nur gut durch, den harten Winter lang!
Ich komme dich besuchen, wann immer ich kann.

Schlafende Waldträume

Vom sonnendurchfluteten Wäldchen, mit all seinen geheimen Facetten,
möchte ich mich in meine Wünsche nun betten.
Ich höre dem Rauschen der Baumkronen zu.
Sie erzählen von Frieden, dem Leben der Tiere und der weiten Ruh'.
Der weiche, warme Wind trägt meine Gedanken an jenen Ort,
wo die Seele sich zu reinigen beginnt.
Sie fliegen in des Wäldchens schönsten Raum.
Ihn zu betreten erschien mir wie in einem Traum.
Dort kannst du deine Gefühle einfach gehen lassen.
Die Traurigkeit in dir wird zunehmend, ganz losgelöst, verblassen.
Auch der Vögel frohem Klang kann man lauschen.
Es ist, als würde man die Routine des Alltags eintauschen.
Das Plätschern des Wäldchens Bachs macht all meine Fantasien wahr.
Lebe sie ganz intensiv, spüre sie zum Greifen nah.
Und erwache ich aus jenem schönen Traum,
laufe ich schnell zu dir, mein großer, schöner Baum.

Das Innere des Meeres

Meer, wohin trägst du meine quälenden Gedanken?
Willst du verhindern, dass diese noch mehr erkranken?
Das Toben deiner Wellen bringt mich weit ab von meiner eigenen Spur.
Jene, die unaufhaltsam ticken lässt meine begrenzte Lebensuhr.
Bei meinen Wegen durch die Zeiten
immer noch diese Ungutgefühle mich begleiten.
Was will dein Rauschen mir nur sagen?
Es liegt mir fern, weiter über Alltagssorgen zu klagen.
Ich höre deine Stimme, die leise zu mir spricht.
Versteht ihr alle diese Verzweiflung denn nicht?!
Übermächtig die Wellen durch meine Gedanken brechen,
sie wollen gehört werden, sich an den Menschen rächen.
Ich setze mich zu dir, du weites schönes Meer.
Niemand achtet auf dich,
alle Empfindungen erscheinen so unsagbar leer.
Tröstend versuche ich, dich leicht zu berühren,
möchte dich in meine Gedankenwelt entführen.
Stattdessen spüre ich, du veränderst gerade etwas in mir!
Ich bin bereit und ergebe mich dafür.
Vom Müll der Menschen tief in dir drin
verlieren wir des Lebens eigentlichen Sinn.

Papas Liebe

Noch heute kann ich es einfach nicht fassen.
Ich weiß, du wolltest mich nicht so plötzlich verlassen.
Unsichtbar das Schloss, welches uns immer zusammenhielt.
So oft in unserem Leben haben wir dasselbe gefühlt.
Ach, wie haben wir es genossen, gemeinsam zu lachen.
Auch wenn wir uns manchmal schrecklich verkrachten.
Die tiefe Zuneigung, die uns verband,
hatte trotz allem einen festen Bestand.
Deine kleinen Briefe für mich zum guten Morgen
enthielten zwischen den Zeilen unendlich viele Sorgen.
In stillen Momenten beobachtete ich,
dein Inneres einer Tragödie glich.
Wenn nach endlos langen Arbeitstagen
dein Kummer und die Ängste vor dir lagen,
habe ich die heimlichen Schatten deiner Seele erkannt.
Welch eine Leere sich wohl in dir befand?
Ich wollte dich wieder herzlich lachen sehen,
allerdings wusste ich auch,
dieses Mal wird kein Wunder mehr geschehen.
Als ich dich, dem Ende nah, noch einmal sah,
wurde mir ganz urplötzlich klar:
Du bist jetzt auf deiner letzten Reise.
Machst dich einfach auf den Weg, ganz leise.
Ohne dich nach all den langen Jahren
habe ich nie vergessen, wie glücklich wir einst waren.
Halte dein Bild noch immer fest in meinen Gedanken.
Für all deine bedingungslose Liebe möchte ich dir aufrichtig danken.

Haltestelle Leben

Auf der Reise durch das Leben
sind dir viele Stationen gegeben.
Es gibt die Traurigkeit, die sich in dir aufhalten kann,
mit der nötigen Kraft vergeht sie irgendwann.
Auch der Schmerz kann dich begleiten
und dir mit seinem Dasein viel Kummer bereiten.
Den richtigen Wendepunkt zu finden, um dort zu halten,
wenn die eigenen Wünsche, nicht gehört, sich in uns entfalten.
Die Angst bringt uns mitunter an ungewollte Stationen,
sie lehrt uns mit brutaler Realität ganz neue Lektionen.
Der Mensch hat verlernt, sich selbst zu heilen und zu lieben.
Hat verlernt, zu hoffen und Unrecht zu besiegen.
Gibt auf, resigniert vom Misserfolg im Leben,
um nicht als Verlierer seinen Wunden zu erliegen.

Das getragene Kleid

Bei einem hektischen Blick in den Spiegel von Zeit zu Zeit
wird eingehüllt das Bild in einem farbenfrohen Sommerkleid.
Sieht man allerdings etwas genauer hin,
entdeckt man auch den einen oder anderen Flicken darin.
Sie sind Zeichen von schweren Jahren,
denn das wunderschöne Kleid wurde immer getragen.
Eine Menge hat es von dieser Welt schon gesehen,
viele heilsame Momente, bis sie dann leider vergehen.
Man zog es weiter an, auch an kalten Tagen,
es fällt unendlich schwer, die Wirklichkeit zu ertragen.
Mit den Ereignissen verblassten die leuchtenden Farben nun,
man könnte vielleicht einen weiteren Flicken darauf tun?
Immer wieder aber wird das Kleid erneut genommen,
es hat weitere unzählige Flicken dazubekommen.
Urplötzlich wird einem leider dann klar,
es sind die eigenen Grenzen, die man nie wirklich sah.
Niemand ist bereit, das Kleid weiter zu pflegen,
es ist soweit, jenes für immer beiseitezulegen.
Wenn Bitten zu bedrohlichen Nichtigkeiten werden,
zerfällt auch die Hoffnung in tausend Scherben.
Das Bild im Spiegel nun zu bröckeln beginnt,
unter diesem Kleid noch so viele Dinge von Bedeutung sind.
Inzwischen ist es aber ganz zerrissen,
tröstend für mich, es in meiner Erinnerung zu wissen …

Winterschlaf

Schneebedeckt mein wohlig warmes Heim,
ach, könnte es doch nur für alle Menschen so sein.
Es leben die Erinnerungen, als unsere Wiesen noch grün,
ja die Blumen auf ihnen so bunt bewachsen waren.
So sei es schon seit jeher und vielen langen Jahren.
Versunken unter eurem weißen, weichen Winterkleid,
seid ihr nun tief träumend zum Winterschlaf bereit.
Ich zünde an mein wärmendes Licht,
welches mir so viel Hoffnung auf einen neuen Frühling verspricht.
Nun schlaft recht schön, ihr Blumen, Wiesen und Felder.
Bis auf ein Wiedersehen, bei Sonnenaufgang,
in einem unserer vielen Wälder.

Losgelöste Gedanken

An grauen Tagen wie diesen
meine Gedanken in meiner ganz eigenen Dunkelheit zerfließen.
Umgeben von Seelenfressern und emotionalen Eindringlingen
fühle ich mich fremd im Hier und Jetzt.
Das Überleben in einer Welt von heute mich innerlich schier zerfetzt.
Woher nehme ich in diesen Momenten
nur die Energie für gutes Gelingen?
Nichts und niemand kann meine Tristesse derzeit bezwingen.
Depression, was willst du von mir?
Ich ergebe mich im vollen Umfang nur dir.
Meine Gedanken fließen in die Schatten meiner prägenden
Sinnlosigkeit.
Ich bin fest entschlossen, zum Winterschlaf bereit.
Bitte weckt mich nicht auf aus dieser Entfernung vom Leben!
Das ist meine Art, es zu ertragen, um nicht aufzugeben.

Hoffnungsvoller Tag

Voller Energie sind die Geister dieser Nacht,
vielleicht der Ein und Andere über uns wacht.
So ziehen die Gedanken ihre ganz eigenen Kreise,
unbekümmert und losgelassen auf ihrer langen Reise.
Hinter den Sternen die Träume schon warten,
halte sie gedanklich fest, wo sie einst in Erscheinung traten.
Nun wartend auf das Licht der Zeit,
der Morgen hinter dem Horizont hält sich schon bereit.
Was dieses Licht uns heute wohl noch bringen mag?
Hoffnungsvoll, so sei es, beginne nun dieser neue Tag.

Wunschtraum im Backsteingebäude

Großer weißer Raum im roten Backsteingebäude,
so viele Menschen und doch viele leere Räume.
Was tut man mit der ganzen Zeit,
wenn die ein oder andere Wunde verheilt.
Lässt man sich ein auf die Gedankenreise?
Oder dreht man sich dabei doch nur im Kreise?
Auf der Suche nach dem großen Sinn,
merke ich gar nicht, wo ich eigentlich bin.
Schreibe hier und da ein paar meiner Gedanken auf,
und alles nimmt, ganz selbstverständlich, weiter seinen Lauf.
Verzweifele an dem Versuch, die Welt zu verstehen.
So unerträglich schwer, die Realität mit anzusehen.
Radikale Akzeptanz ergründen, um meinen Standpunkt zu verlegen.
Das ist nun die Lösung für meinen innerlichen Segen?
Lieber hoffe ich auf jene, die unsere Welt bunt färben,
und sich nicht beirren lassen, dabei mutlos zu werden.

Gewitter im Kopf

Das Gewitter im Kopf meldet sich zu Wort,
was suchst du an diesem, meinem eigenen Ort?
Ich will, sagte die Manie,
über Straßen schwimmen und auf Bäume fliegen,
möchte über's Wasser springen, um auf den Wellen zu liegen.
Auf den Wellen willst du verweilen, in dieser so furchtbar,
nicht enden wollenden Dunkelheit?!
Wo Einsamkeit nach dir ruft und die Traurigkeit in dir schreit?!
Sei nicht so ein Narr, führte die Depression ihre Rede dann fort
und warf mit ihrem Gelächter
meine gerade erst gewonnene Energie erneut über Bord.
Was willst du hören, du kraftraubende Depression?
All die Facetten deiner niederschmetternden Macht kenne ich schon!
Auch die Manie sich nun erschrak,
welch ein Wille sich in meinem Inneren verbarg.
Ihr mögt mich zwar begleiten, mein Leben lang,
doch das Kämpfen ist mir Herr geworden,
weil ich's einfach immer noch kann.

Wach im Mondschein

Wenn in der Nacht das Licht des Mondes über dir scheint,
bist du gedanklich frei,
und die Träume sind in der Unendlichkeit vereint.
Jetzt werden unsere Wünsche wahr,
wir erwecken sie zum Leben.
Die Zerrissenheit des Tages, auch die Hektik,
haben sich in mir selbst ergeben.
Gedanklich fliege ich nun durch die Weiten der Nacht.
Gespannt, was sie mir denn alles mitgebracht.
Bedächtig öffne ich das Geschenk der Ruhe
in der endlosen Dunkelheit.
Es fühlt sich an wie neues Leben,
als sei ich von allen Sorgen befreit.